Stephan Alexander Lidl

Zum Verhältnis von Change Management und der Lernenden Organisation

Stephan Alexander Lidl

Zum Verhältnis von Change Management und der Lernenden Organisation

Ein konzeptioneller Vergleich mit lerntheoretischem Schwerpunkt

Trainerverlag

Impressum/Imprint (nur für Deutschland/only for Germany)
Bibliografische Information der Deutschen Nationalbibliothek: Die Deutsche Nationalbibliothek verzeichnet diese Publikation in der Deutschen Nationalbibliografie; detaillierte bibliografische Daten sind im Internet über http://dnb.d-nb.de abrufbar.

Coverbild: www.ingimage.com

Verlag: Der Trainerverlag ist ein Imprint der
Südwestdeutscher Verlag für Hochschulschriften GmbH & Co. KG
Heinrich-Böcking-Str. 6-8, 66121 Saarbrücken, Deutschland
Telefon +49 681 37 20 271-1, Telefax +49 681 37 20 271-0
Email: info@verlag-trainer.de

Herstellung in Deutschland:
Schaltungsdienst Lange o.H.G., Berlin
Books on Demand GmbH, Norderstedt
Reha GmbH, Saarbrücken
Amazon Distribution GmbH, Leipzig
ISBN: 978-3-8417-5007-5

Imprint (only for USA, GB)
Bibliographic information published by the Deutsche Nationalbibliothek: The Deutsche Nationalbibliothek lists this publication in the Deutsche Nationalbibliografie; detailed bibliographic data are available in the Internet at http://dnb.d-nb.de.

Cover image: www.ingimage.com

Publisher: Trainerverlag
is an imprint of the publishing house
Südwestdeutscher Verlag für Hochschulschriften GmbH & Co. KG
Heinrich-Böcking-Str. 6-8, 66121 Saarbrücken, Deutschland
Phone +49 681 37 20 271-1, Fax +49 681 37 20 271-0
Email: info@verlag-trainer.de

Printed in the U.S.A.
Printed in the U.K. by (see last page)
ISBN: 978-3-8417-5007-5

Inhaltsverzeichnis

Abbildungs- und Tabellenverzeichnis

Abkürzungsverzeichnis

Abb.	Abbildung
Anm. d. A.	Anmerkung des Autors
bez.	bezüglich
BPR	Business Process Reengineering
bspw.	beispielsweise
BWL	Betriebswirtschaftslehre
bzw.	beziehungsweise
CEO	Chief Executive Officer
CM	Change Management
d.h.	das heißt
engl.	englisch
et al.	et alii
etc.	et cetera
f.	folgende (Seite)
ff.	fortfolgende (Seiten)
Hrsg.	Herausgeber
i.d.R.	in der Regel
Ill.	Illinois
i. Orig.	im Original
i.w.S.	im weiteren / weitesten Sinne
LM	Lean Management
LO	Lernende Organisation
Mass.	Massachusetts
m.E.	meines Erachtens
MIT	Massachusetts Institute of Technology
NJ.	New Jersey
OE	Organisationsentwicklung
org.	organisational(en; es; er)
OT	Organisationstransformation
S.	Seite
s.	siehe
s.a.	siehe auch
Sp.	Spalte

sog.	sogenannte(n)
Tab.	Tabelle
TOTE	Test-Operate-Test-Exit
u.ä.	und ähnliche(s)
usw.	und so weiter
u.U.	unter Umständen
v.a.	vor allem
vgl.	vergleiche
vs.	versus
z.B.	zum Beispiel
z.T.	zum Teil

1. Einleitung

Die rasante Veränderungsgeschwindigkeit der Märkte und verschärfte Wettbewerbsbedingungen zwingen Organisationen, die sich dem stetigen Wandel nicht nur aussetzen wollen, dazu, Möglichkeiten zur Koordination und Bewältigung der radikalen Veränderungen zu eruieren (vgl. z.B. Ridder et al. 2001, S. 175).

Die vielfältigen Auslöser und Themen von organisationalen Veränderungsprozessen sind in der nachfolgenden Abbildung (Abb. 1) zu erkennen, wobei die genannten Aspekte aus Bereichen der Wirtschaft (naheliegend speziell im direkten organisationalen Umfeld), aber auch der Gesellschaft, der (Welt-)Politik und des Rechts stammen:

- Änderung der Marktlage
- Globalisierung
  - Virtuelles Projektmanagement
  - Führen interkultureller Teams
  - Wissensmanagement
  - Management-Qualifizierung
- Neue rechtliche Grundlagen
  - Privatisierung: aus Monopolisten werden Wettbewerber
- Wechsel der Organisation
  - Fusionierung
  - Outsourcing
  - Prozessverkürzung
  - Einführung von Projektmanagement
  - Konzentration auf Kernkompetenzen
- Führungswechsel
- Produkt-Innovation/ Produktions-Umorganisation
- Neue Technologien
- Neue Arbeitsmodelle

Abb. 1: Aktuelle Auslöser und Themen von Veränderungsprozessen
(Quelle: Janes/Prammer/Schulte-Derne 2001, S. 7: Ergebnisse einer Kundenbefragung)

Das ‚Change Management' und die ‚Lernende Organisation' sind zwei Konzeptionen, die den erfolgreichen Umgang mit Wandel und die Initiierung von organisationalem Lernen sicherstellen sollen. Durch diese beiden Ziele sollen organisationales Wachstum und langfristige Sicherung der Existenz erreicht werden.

1.1. Problemstellung und Zielsetzung

Nachdem die Herausforderungen und die Notwendigkeit des organisationalen Wandels in vielen Organisationen offensichtlich wurden, war eine erhebliche Anzahl an unterschiedlich gearteten Veränderungsprozessen zu beobachten. Diverse Instrumente des Change Managements kamen zum Einsatz, um sich den veränderten Anforderungen der organisationalen Umwelt anzupassen und das Überleben der Organisation sicherzustellen. Zunächst schienen die Maßnahmen erfolgversprechend, doch kamen nach einiger Zeit berechtigte Zweifel an der Nachhaltigkeit der verwendeten Instrumentarien auf. Die Veränderungsinitiativen verloren spürbar an Wirkung. Folge dieser Entwicklung kann aufgrund einer neuerlichen „Zunahme der Dynamik und Komplexität der Umwelt" (Kleingarn 1995, S. 1) eine weitere Krise sein, deren Symptome ebenfalls wieder nur oberflächlich behandelt werden können, da „bis dato auch *kein Veränderungskonzept*, mit dessen Einsatz die Führung *langfristig und nachhaltig* den Erfolg des Unternehmens gewährleisten könnte." (Kleingarn 1995, S. 1), existiert (vgl. Kleingarn 1995, S. 1).

Anhand der aufgezeigten Studien (s. Tab. 1) lassen sich die Erfolge von Veränderungsprozessen ablesen. Mehr als die Hälfte der Unternehmen konnte die selbstgesetzten Ziele nicht erreichen. Dieses Ergebnis lässt sich durch andere Studien untermauern, die ebenfalls von einer teilweise erheblichen Anzahl gescheiterter Veränderungsprozesse berichten (vgl. Schirmer 2000, S. 1 ff.).

Autoren	**Untersuchungsfeld**	**Wichtige Ergebnisse**
Hall et al. 1993	100 Reengineering-Projekte, davon 20 intensiv untersucht	Gesamtkostenreduktion in weniger als der Hälfte über 5%
CSC-Index 1994	U.a. 93 Reengineering-Projekte in Europa	Durchschnittlich erreichen weniger als die Hälfte selbstgesetzte Ziele bei Kosten, Zeit, Qualität
Homburg/Hocke 1996	100 Reengineering-Projekte in BRD (Großunternehmen)	Durchschnittlich erreichen weniger als ein Drittel selbstgesetzte Ziele bei Produktivität, Zeit, Qualität, Kundenorientierung

Tab. 1: Erfolge von Reengineering-Projekten
(Quelle: Schirmer 2000, S. 2)

Einige Gründe für die Misserfolge sowie konzeptionelle Kritikpunkte sind in dieser Arbeit (s. 2.7. Kritik an der CM-Konzeption) zu finden – sie dienen sicherlich zur Anregung für mögliche Verbesserungen in Anwendung und Konzeption künftiger Veränderungskonzepten (bspw. zur konzeptionellen Kritik des OE-Ansatzes vgl. Schreyögg/Noss 1995).

Als vielversprechende Konzeption werden in diesem Zusammenhang die der Lernenden Organisation sowie die Theorien organisationalen Lernens gesehen ((vgl. z.B. Schreyögg / Noss 1995)).

Durch die vergleichende Darstellung der Konzeptionen des Change Managements und der Lernenden Organisation sollen die wesentlichen Merkmale herausgestellt werden und das Verhältnis der beiden Konzeptionen geprüft werden. Eventuell ergeben sich aus dieser überblickartigen Darstellung mit Schwerpunkt auf dem Aspekt des Lernens Hinweise für eine zukünftige integrative Konzeption, die den Anforderungen des nachhaltigen und erfolgreichen Wandels gewachsen ist. Eine Einordnung der Konzeptionen sollte aber in jedem Falle möglich sein. In *Kapitel 4* soll die Problemstellung durch aufkommende Fragen präzisiert werden.

1.2. Gliederung der Arbeit bzw. Vorgehen

Nach der Formulierung der Problemstellung und der Zielsetzung der Arbeit in *Kapitel 1*, werden in *Kapitel 2* und *Kapitel 3* die zu vergleichenden Konzeptionen in ihren theoretischen Bausteinen vorgestellt.

In *Kapitel 2* soll ein Gesamtbild der Change Management-Konzeption entworfen werden. Ausgehend von einem allgemeinen Verständnis als Hinführung zum Sachverhalt sollen die den Wandel prägenden und charakterisierenden ‚Grundsteine' bis hin zu einer kurzen kritischen Würdigung behandelt werden. Es wird dabei immer wieder versucht, den Aspekt des Lernens einzubringen. Dieser findet sich beispielsweise in der Darstellung des OE-Ansatzes kurz und ausführlicher in der Beschreibung der Lernmodelle (s. 2.5. Modelle des Wandels) nach *Türk* (1989) wieder.

Analog dazu wird in *Kapitel 3* die Konzeption der Lernenden Organisation aufbereitet. Hier werden die beiden theoretischen ‚Grundpfeiler' der Konzeption (zunächst unabhängig von dieser), die Organisation und entsprechend des Schwerpunktes sehr ausführlich die grundlegenden Lerntheorien, erörtert. Ein dritter Aspekt ist in diesem Kontext das immer wichtiger zu werden scheinende Wissen und dessen Bedeutung für die Organisation. Sodann wird ein Grundverständnis der Lernenden Organisation auf allgemeiner Basis zu schaffen versucht (‚nur' ein allgemeines Grundverständnis, v.a. aufgrund der vielfältigen verschiedenen Ansätze, deren Vielschichtigkeit und der daraus folgenden Klassifizierung in ausführlichster Form bspw. bei Wiegand 1996 erörtert wird) und anhand des Beispieles der eklektischen Konzeption *Senges* (1996) mit ‚Leben' gefüllt. Auch die Darstellung der Theorien organisationalen Lernens kann aufgrund der Menge an verschiedenen Ansätzen nur zusammenfassend erfolgen, bevor kritische Anmerkungen das Bild abrunden sollen.

Im abschließenden *Kapitel 4* soll ein Vergleich der wesentlichen Aspekte auf eine Untersuchung des Zusammenhangs der beiden Konzeptionen hinauslaufen. Eine Zusammenfassung der Ergebnisse beschließt die vorliegende Arbeit.

Einen zusammenfassenden Überblick und die Vorstellung des Autors über den Gang der theoretischen Untersuchung bietet die folgende Kapitelübersicht:

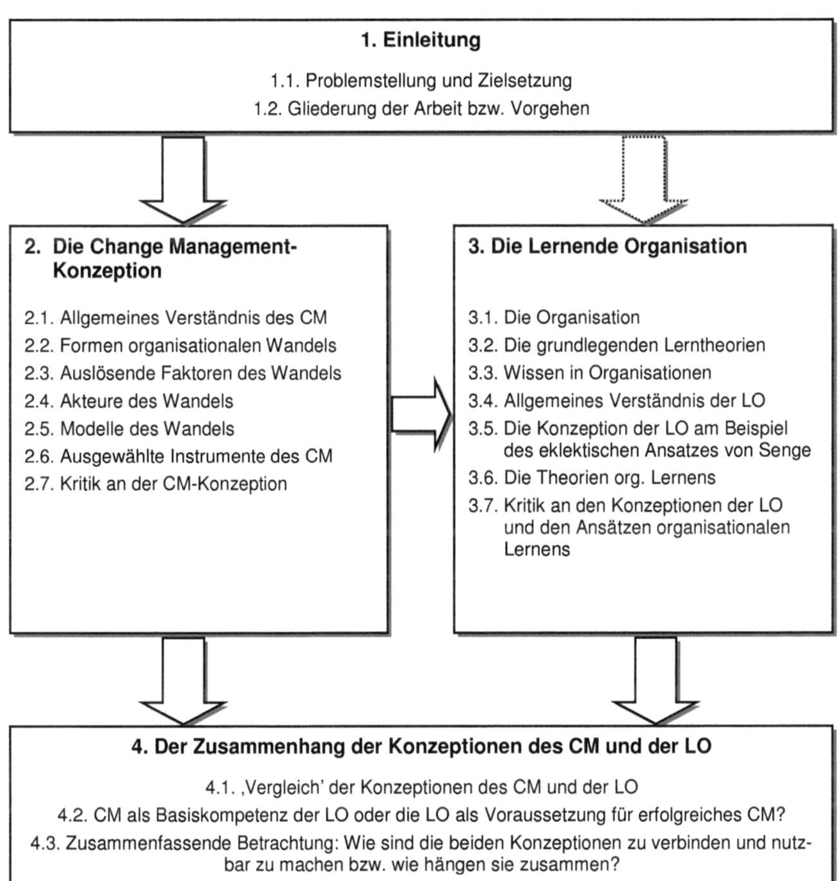

Abb. 2: Kapitelübersicht

(Quelle: eigene Darstellung)

2. Die Change Management-Konzeption

Seit jeher spielen Veränderung und Wandel gerade im wirtschaftlichen Bereich eine nicht zu unterschätzende Rolle. In der heutigen Zeit scheint diese Forderung nach Veränderung immer schneller und öfter notwendig zu werden, um unternehmerisch erfolgreich zu bleiben (oder zu werden).

Da die Geschwindigkeit der Veränderung der Märkte in immer größerem Maße zunimmt, muss „die Fähigkeit, *Prozesse des Wandels* zu managen, als *Kernkompetenz* im Wettbewerb, die nachhaltige Wettbewerbsvorteile verspricht“ (Ridder et al. 2001, S. 175), angesehen werden. Die Fähigkeit zu mehrmaligem tiefgreifenden Wandel gilt es zu realisieren, um das organisatorische Überleben auf Dauer zu sichern (vgl. Ridder et al. 2001, S. 175).

2.1. Allgemeines Verständnis des Change Management

Bei Organisationen ist eine permanente Wandlung zu beobachten. So ist es Aufgabe des Managements, die Anpassungsfähigkeit der Organisation zu gewährleisten und auf künftige Veränderungen vorzubereiten. Das langfristig erfolgreiche Unternehmen gilt in diesem Sinne auch als wandlungsfähig. Dabei werden die bereits gesammelten Erfahrungen für Prognosen und Lösungen genutzt (vgl. Staehle 1999, S. 898).

In der bisherigen wirtschaftlichen Entwicklung sind gewisse Zyklen des Ab- und Aufschwungs zu beobachten, die eng mit technischen Erfindungen und Innovationen verknüpft sind. Der Russe *Kondratieff* hat eine Theorie der langen Wellen anhand der eben formulierten Überlegung, beginnend mit dem Zeitalter der Industrialisierung, entwickelt (vgl. Kostka/Mönch 2002, S. 6). Wie schon erwähnt, ist festzustellen, dass sich die Veränderungszyklen verkürzt und sich die Möglichkeiten zur Vorhersage von Veränderungen verschlechtert haben, was die erforderlichen Anpassungsmaßnahmen in größerem Umfang als bisher nötig werden lässt. Dies lässt den häufigen Wandel normal erscheinen (vgl. Schubert 2001, S. 287).

Die Zeit ist neben den Kosten und der Qualität zu einem bestimmenden und wesentlichen Faktor des ökonomischen Wettbewerbs avanciert. *Schubert* (2001, S. 287) nennt dafür folgende Indikatoren:

- „die Verkürzung von Produktlebenszeiten
- der Rückgang von Produktentwicklungszeiten
- der Anstieg der Innovationsgeschwindigkeit bei grundlegenden Technologien bzw. die Häufigkeit von Technologiesprüngen oder etwa
- die Beschleunigung von Kommunikationsprozessen weltweit".

Die daraus resultierende erhöhte Komplexität der Veränderung hat erhebliche Folgen für die Organisation und deren Mitglieder, denn neben beschleunigten und verdichteten Arbeitsprozessen müssen sich die Mitarbeiter als zunehmend flexibel und mobil erweisen. Dieser Prozess stellt wiederum die traditionellen Strukturen der jeweiligen Organisation in Frage, die funktionell zergliederten und hierarchisch koordinierten Organisationen müssen umstrukturiert werden (vgl. Schubert 2001, S. 287).

Dem Change Management soll nun die Aufgabe zukommen, diese „Veränderungsprozesse auf Unternehmens- und persönlicher Ebene zu planen, zu initiieren, zu realisieren, zu reflektieren und zu stabilisieren" (Kostka/Mönch 2002, S. 9). Die Inhalte erstrecken sich dabei von strategischen Maßnahmen bis hin zur Persönlichkeitsentwicklung des Einzelnen. Es soll eine geplante Veränderung von Verhaltensweisen und Fähigkeiten auf mittel- bzw. langfristige Sicht erreicht werden mit dem Ziel, eine Optimierung der Kommunikation und der Prozesse zu schaffen. Dazu muss die Organisation in ihrer Ganzheitlichkeit betrachtet werden. Das Change Management soll folglich tiefgreifende Veränderungen kontinuierlich planen und realisieren (vgl. Kostka/Mönch 2002, S. 5 ff.).

Die Maßnahmen der Veränderung können je nach Einsatzebene unterschieden werden. *Schubert* (2001) nennt fünf verschiedene Ebenen, auf denen die Veränderungsmaßnahmen ansetzen können: die Ebene des einzelnen Individuums, von Gruppen oder Teams, von Bereichen oder Organisationseinheiten, von Gesamtorganisationen, von Netzwerken oder Organisationsverbünden. Auch hier wird die ganzheitliche Betrachtungsweise unabhängig von den Inhalten hervorgehoben: sowohl organisatorische als auch technische und personelle Gesichtspunkte sowie verhaltenswissenschaftliche Erkenntnisse sollen Berücksichtigung finden (vgl. Schubert 2001, S. 288).

2.2. Formen organisationalen Wandels

Zum besseren Verständnis der Konzeption des ‚Management des Wandels' (Change Management) soll zunächst auf die in Organisationen anzutreffenden Arten des Wandels und deren Niveaus eingegangen werden. Der Schwerpunkt in der Darstellung wird im Folgenden auf dem geplanten Wandel (siehe 2.2.2.) liegen, da dieser naturgemäß Gegenstand der Change Management-Konzeption ist und zur Anpassung der Organisation an sich stetig verändernde Umweltbedingungen dienen soll (vgl. auch Kleingarn 1995, S. 36). Wenn im Verlaufe der Arbeit ‚nur' (der Einfachheit halber) von ‚Wandel' die Rede ist, so bezeichnet dies den geplanten organisationalen Wandel, der Begriff der Veränderung wird synonym verwendet.

2.2.1. Ungeplanter Wandel

Wenn „Wandlungsprozesse nicht intendiert, zufällig" (Staehle 1999, S. 899) sind und „weitestgehend unbemerkt" (Staehle 1999, S. 899) bleiben, ist die Rede von ungeplantem Wandel (vgl. Staehle 1999, S. 899). Die logische Konsequenz, die aus diesen dem ungeplanten Wandel zugeschriebenen Eigenheiten resultiert, ist die, dass sich diese Art des organisatorischen Wandels „der Beeinflußbarkeit durch die Organisation" (Kleingarn 1995, S. 36) entzieht (vgl. Kleingarn 1995, S. 36).

Der ungeplante Wandel soll aus diesem Grunde keiner weiteren Betrachtung zugeführt werden, da sich die Arbeit mit bewusst wahrgenommenem, selbst initiiertem, dem geplanten organisationalen Wandel befasst.

2.2.2. Geplanter Wandel

Unter geplantem Wandel ist ein bewusst initiierter Veränderungsprozess der organisationalen Funktions- und Arbeitsweise zu verstehen, wobei die Aufgaben des Managements „äußerst komplex und mit einem linearen Planungsverständnis kaum adäquat zu beschreiben" (Staehle 1999, S. 899) sind und „die grundsätzlich beschränkte Planbarkeit des sozialen Systems Organisation" (Staehle 1999, S. 899) bedacht werden muss. Durch die

Reflexion des bisherigen Organisationsverlaufes und der möglichen Neugestaltung sollen „in einem nicht beherrschbaren Feld kalkulierbare Wirkungen“ (Staehle 1999, S. 899) erzielt werden, wobei der Faktor Zeit im Zusammenhang mit organisationalem Wandel in der Forschung bislang kaum Beachtung fand. Auch die Effizienz ist im Rahmen eines organisationalen Wandlungsprozesses nur schwer mess- und erfassbar, doch ist dieses Anliegen aufgrund der Darlegung und Begründung der ökonomischen Notwendigkeit des Wandels sinnvoll. Ziel des geplanten Wandels soll u.a. eine Verbesserung der Effizienz einer Organisation durch die Änderung der gesamten oder von hauptsächlichen Teilen der organisationalen Funktionsweise sein (vgl. Staehle 1999, S. 899 f.).

Zur detaillierteren Beschreibung des geplanten organisatorischen Wandels nutzen *Levy/Merry* (1986, S. 4: die Punkte 1-4 sind im Grunde Zusammenfassungen einzelner Definitionen bzw. Ergänzungen verschiedener Autoren, während Punkt 5 von *Levy/Merry* hinzugefügt wurde, vgl. Levy/Merry 1986, S. 4) folgende Charakteristik des „planned change“ zur Abgrenzung von anderen Formen organisatorischen Wandels:

1. „Planned change involves a deliberate, purposeful, and explicit decision to engage in an program of change.
2. Planned change reflects a process of change.
3. Planned change involves external or internal expertise.
4. Planned change generally involves a strategy of collaboration and power sharing (power derived from knowledge, skills, and competencies) between the expert and the client system.“
5. „(...), planned change has both intentional (explicitly planned for) and realized (emerging from the situation) aspects.“

Der Wandel kann dabei verschiedene Niveaus annehmen. Man unterscheidet den Wandel 1. Ordnung, die Organisationsveränderung (Organizational Development) und den Wandel 2. Ordnung, die Organisationstransformation (Organizational Tranformation), die beide im Folgenden erläutert werden sollen (vgl. Staehle 1999, S. 900).

2.2.2.1. Wandel 1. Ordnung

Der Wandel 1. Ordnung beschreibt quantitative Veränderungen einer Organisation, die in ihrer Wirkung die fundamentale Ausrichtung der Organisation nicht berühren. Vielmehr ist „eine inkrementale Modifikation der Arbeitsweise einer Organisation ohne Veränderung des vorherrschenden Bezugsrahmens oder des dominanten Interpretationsschemas" (Staehle 1999, S. 900) zu beobachten. Das Konzept der Organisationsentwicklung (OE) wird für dieses Veränderungsniveau herangezogen (vgl. Staehle 1999, S. 900) und wird als „eine Form des geplanten Wandels, bei der unter Verwendung verhaltenswissenschaftlicher Erkenntnisse (...) ein organisationsweiter Veränderungsprozeß eingeleitet und unterstützt wird" (Staehle 1999, S. 922), angesehen. Folgende Definitionsmerkmale nach *Filley* et al. (1976, S. 487 ff.) führt *Staehle* für die OE auf:

„1. geplanter Wandel (kein zufälliger Wandel)
2. umfassender Wandel (keine Detailänderung)
3. Schwerpunkt auf Wandel von Gruppen (weniger von Individuen)
4. langfristiger Wandel (kein kurzfristiges Krisenmanagement)
5. Einbeziehung eines Change Agents
6. Intervention durch erfahrungsgeleitetes Lernen und Aktionsforschung." (Staehle 1999, S. 924; vgl. i. Orig. Filley/House/Kerr 1976, S. 488-489).

Die OE will mittel- und langfristige Veränderungen der individuellen Eigenschaften der Organisationsteilnehmer, der Kultur und der strukturellen Gegebenheiten der Organisation in allen Bereichen erreichen. Durch die Maßnahmen der OE soll ein organisationaler Lernprozess begünstigt werden, der die angestrebten Veränderungen wirksam werden lassen soll. Somit kann die OE auch als „Lernverfahren für Organisationen" (Staehle 1999, S. 924) definiert werden. Zielsetzungen der OE sind zum einen die „Humanisierung der Arbeit" (Staehle 1999, S. 925; Fettdruck i. Orig.) und zum anderen die „Erhöhung der Leistungsfähigkeit der Organisation" (Staehle 1999, S. 925; Fettdruck i. Orig.), deren Verhältnis naturgemäß konfliktbeladen ist und die trotz ihrer Gegensätzlichkeit die gleiche ‚Behandlung' in der Organisation erfahren sollen. In der Praxis scheinen sich die Interessen des mit der OE betrauten Managements (die Effizienzverbesserung der Organisation) jedoch zumeist gegen den Humanitätsanspruch zu dessen Ungunsten durchzusetzen. Die Interessenskonflikte zwischen dem Management und den übrigen Organisationsteilnehmern erzeugen dabei im Laufe des Veränderungsprozesses des Öfteren Widerstände gegen den Wandel (vgl. Staehle 1999, S. 922 ff.).

2.2.2.2. Wandel 2. Ordnung

Der Wandel 2. Ordnung meint eine einschneidende Veränderung qualitativer Natur. Im Gegensatz zum Wandel 1. Ordnung erfolgt hier eine „paradigmatische Änderung der Arbeitsweise einer Organisation insgesamt, und zwar mit Änderung des Bezugsrahmens" (Staehle 1999, S. 900). Die Organisationstransformation (Organizational Transformation) soll dabei das passende Konzept für die Organisationsveränderung sein (vgl. Staehle 1999, S. 900).

Die Transformation wird dann notwendig, wenn sich zukünftige Herausforderungen der organisationalen Umwelt abzeichnen, die den Fortbestand der Organisation gefährden, obwohl dies zum aktuellen Zeitpunkt möglicherweise nicht so erscheint. Da aber alle Kräfte gebündelt werden müssen, um eine Organisationstransformation (OT) zu erreichen, kann das Nichterkennen der Notwendigkeit zu Konflikten und Widerständen (schon bezüglich der Initiierung) gegen den radikalen Wandel führen.

Die Merkmale der OT – in Abgrenzung zur OE – sind:

- die Umweltbedingungen des Systems Organisation lösen den Wandel aus (z.B. Veränderungen des Marktes, Entwicklung neuer Technologien)
- der visionäre, zukunftsbezogene Charakter sorgt für einen revolutionären Wandel (Wandel 2. Ordnung) und eine veränderte Sicht der Realität
- ausgehend von alten, nicht (mehr) zufriedenstellenden Managementphilosophien werden im Rahmen der Veränderungsbestrebungen neue Lösungen gesucht.
- OT bezieht „qualitativ unterschiedliche Wahrnehmungs-, Denk- und Verhaltensweisen" (Staehle 1999, S. 930) mit ein
- es werden nicht nur Teile der Organisation in den Transformationsprozess einbezogen, die Organisation ist in ihrer Gesamtheit betroffen
- das Top-Management ist verantwortlich für die Initiierung der Transformation und wird im Idealfall von internen und externen Experten unterstützt (vgl. Staehle 1999, S. 930).

Zusammenfassend werden die Unterschiede der beiden vorgestellten Konzepte in der folgenden Abbildung (Tab. 1) dargestellt:

Organisationsentwicklung	Organisationstransformation
keine Herausforderung des herrschenden Paradigmas	Änderung des herrschenden Paradigmas
beginnt mit Problem-Diagnose und Suche nach Lösungen	beginnt mit einer neuen Vision oder einer Krise der alten
zielorientiert	zweckorientiert (neue Mission)
Betonung von Werten, Normen, Einstellungen	Betonung von Ideologie, Politik und Technik
Einigung über Lösungen	Ausrichten von Personen und Systemen an neuer Mission
gegenwartsorientiert	zukunftsorientiert
Kontinuität mit der Vergangenheit	Beginn einer neuen Zukunft

Tab. 2: Unterschied zwischen Organisationsentwicklung und Organisationstransformation (Quelle: Staehle 1999, S. 931: nach *Levy/Merry* 1986, S. 33, Table 2.1: Distinguishing Between Organizational Development Interventions and Paradigmatic Change Interventions).

Die soeben dargestellten grundlegenden Eigenschaften der verschiedenen Niveaus des organisationalen Wandels sollen zum Ende zur besseren Übersicht nochmals vergleichend gegenübergestellt werden (siehe Tab. 3), wobei die qualitativen Unterschiede zwischen dem Wandel 1. und 2. Ordnung und das „Einschneidende" des Wandels 2. Ordnung deutlich werden sollen:

Wandel 1. Ordnung	Wandel 2. Ordnung
Beschränkt auf einzelne Dimensionen, Aspekte	Mehrdimensional
Beschränkt auf einzelne Ebenen	umfaßt alle Ebenen
quantitativer Wandel	qualitativer Wandel
Wandel des Inhalts	Wandel im Kontext
Kontinuität, gleiche Richtung	Diskontinuität, neue Richtung
Inkremental	Revolutionär
logisch und rational	vermeintlich irrational, andere Rationaliät
ohne Paradigmawechsel	mit Paradigmawechsel

Tab. 3: Merkmale von Wandel 1. und 2. Ordnung
(Quelle: Staehle 1999, S. 901: In Anlehnung an *Levy/Merry* 1986, S. 9, Table 1.2.: Characteristics of First- and Second-Order Change).

2.3. Auslösende Faktoren des Wandels

In der organisationalen Praxis gibt es eine Vielzahl von möglichen Gründen für die Initiierung eines Veränderungsprozesses. Zumeist ist es nicht nur ein auslösender Faktor, sondern eine Mehrzahl von durchaus verschiedenen Faktoren, die die Bereitschaft zu organisationalem Wandel und Reorganisation aufkommen lassen und im Bedarfsfall in konkreten Reorganisationsprozessen münden können. Anlass für einen solchen geplanten Wandel sind i.d.R. festgestellte „Diskrepanzen zwischen der Selbstdarstellung der Organisation und den Anforderungen an die Organisation" (Kirsch et al. 1979, S. 6). Dies können innerorganisationale Umstände sein, die als unbefriedigend erachtet werden oder aber äußere Umstände der organisationalen Umwelt, auf die die Organisation nicht mehr adäquat zu reagieren im Stande ist (vgl. Kirsch et al. 1979, S. 6 f.).

Kirsch et al. (1979) befragten im Rahmen einer empirischen Untersuchung über 700 deutsche Großunternehmen hinsichtlich ihrer Erfahrungen mit Reorganisationen im Zeitraum von 1964 bis 1973, mit dem Ergebnis, dass mehr als zwei Drittel der Großunternehmen tiefgreifenden organisationalen Wandel durchgeführt hatten. Die Bedeutung von 32 auslö-

senden Faktoren („Initiierungsgründe"; vgl. zu den einzelnen Gründen: Kirsch et al. 1979, S. 7, Abb. 2) für die in der Untersuchung schwerpunktmäßig betrachteten Reorganisationsarten Divisionalisierung, Planungs- und Informationssysteme wurde abgefragt und aufgrund der Ergebnisse und der Betrachtung der jeweiligen Zusammenhänge der einzelnen Gründe wurde folgende Klassifikation vorgenommen:
Man erhält somit „vier, voneinander unabhängige Initiierungsfaktoren: Struktur, Umwelt, Wachstum und Führung." (Kirsch et al. 1979, S. 8).
Allerdings muss erst ein gewisses Maß an Toleranz der Missstände überschritten werden, um tiefgreifende Veränderungen in einer Organisation in Gang zu bekommen (vgl. Kirsch et al. 1979, S. 3 ff.).

Kleingarn (1995) kritisiert allerdings die Spezifität der gefundenen Einzelauslöser, da diese auf die spezielle Umwelt der Organisation bezogen seien und versucht, allgemeingültige Aussagen zu Auslösern von Veränderungsprozessen zu treffen.
Er unterscheidet dabei zum einen in reaktive und aktive Auslösemechanismen und zum anderen in innere und äußere Auslösefaktoren. Unter reaktiven Auslösern versteht *Kleingarn* (1995, S. 40) eine „Folge von Reaktionen der Organisation auf Umweltveränderungen", während die aktiven Auslöser als Versuch, „einen eigenen Einfluß auf die Umwelt auszuüben", verstanden werden. Die inneren und äußeren Faktoren beziehen sich lediglich darauf, ob die Auslöser aus organisationsinternen oder -externen Gründen resultieren. Beispiele für diese „vier Typen von Auslösern" (Kleingarn 1995, S. 40) sollen in der folgenden Darstellung deutlich werden:

Typen	intern	extern
reaktiv	• Fehlende Profitabilität • Mitarbeiterunzufriedenheit • Mangelnde Zukunftsorientierung	• Marktveränderungen • Technologischer Wandel
aktiv	• Eigene Produkt- und Technologieentwicklungen • Eine Vision	• Veränderung der politischen, soziokulturellen oder makroökonomischen Rahmendaten

Tab. 4: Beispiele für die Zusammenhänge der vier Typen von Auslösern
(Quelle: eigene Darstellung: nach Kleingarn 1995, S. 40)

Vielfach wird in der Literatur auch – vorerst allgemein gehalten – der Begriff der Krise als Auslöser für den organisationalen Wandel gebraucht. In diesem Sinne stellt eine Krise „die unbeabsichtigte und unerwartete nachhaltige Störung eines Systems (Person oder Institution) oder wesentlicher, für dessen Überleben zentraler Teile“ (Staehle 1999, S. 902) dar und wird zunächst nicht konkretisiert (vgl. Staehle 1999, S. 901 ff.). So ist auch die zusammenfassende Definition von Unternehmenskrisen nach *Krystek* (1987, S. 6 f.) eher allgemein gehalten:

„Unternehmenskrisen sind ungeplante und ungewollte Prozesse von begrenzter Dauer und Beeinflußbarkeit sowie mit ambivalentem Ausgang. Sie sind in der Lage, den Fortbestand der gesamten Unternehmung substantiell und nachhaltig zu gefährden oder sogar unmöglich zu machen. Dies geschieht durch die Beeinträchtigung bestimmter Ziele (dominanter Ziele), deren Gefährdung oder gar Nichterreichung gleichbedeutend ist mit einer nachhaltigen Existenzgefährdung oder Existenzvernichtung der Unternehmung als selbständig und aktiv am Wirtschaftsprozeß teilnehmender Einheit mit ihren bis dahin gültigen Zweck- und Zielsetzungen.“

Dabei ist der Begriff der Krise scharf von den Begriffen „Konflikt, Störung und Katastrophe“ (Krystek 1987, S. 7) abzugrenzen, da diese nur scheinbar inhaltliche Ähnlichkeit aufweisen (vgl. Krystek 1987, S. 7 ff.).
Die Krise als existenzbedrohender Faktor für die Organisation, die insbesondere mit den Tatbeständen der Zahlungsunfähigkeit, der Überschuldung und erheblichen Umsatzrückgängen in Verbindung gebracht wird, löst die Bereitschaft zu tiefgreifendem Wandel aus (vgl. zusammenfassend zum Begriff der Krise als Auslöser von Wandel: Staehle 1999, S. 901 ff.).

2.4. Akteure des Wandels

Die Akteure eines Veränderungsprozesses mögen auf den ersten Blick klar auf der Hand zu liegen: alle Mitglieder einer betroffenen Organisation spüren die Auswirkungen des Wandels. Doch damit ist weder die Rolle noch das Ausmaß der Partizipation am Veränderungsprozess der Beteiligten geklärt – es herrscht somit nicht einmal Klarheit, wer überhaupt Beteiligter am Wandel ist. In der Literatur werden mehrere Modelle der Akteure des Wandels angeboten, von denen einige im Folgenden kurz dargestellt werden sollen.

Zunächst lässt sich zwischen Klienten- und Beratersystem im Wandel unterscheiden, die dann in Interaktion treten, wenn eine Beratung durch eine organisationsexterne Gesellschaft (Beratersystem) für eine veränderungswillige und in diesem Falle ratsuchende Organisation (Klientensystem) stattfindet. Allerdings können nicht nur externe Berater der Organisation helfen: auch interne Berater sind ein probates Mittel der Unterstützung im Wandel.

In der folgenden Darstellung (Tab. 5) lassen sich Vor- und Nachteile von externen und internen Beratern ablesen, wobei die Vorteile des einen die Nachteile des anderen sind und umgekehrt (vgl. Staehle 1999, S. 970 ff.):

Vorteile externer Berater	Vorteile interner Berater
• Unbefangene, von Betriebsblindheit freie Problemsicht • Breiter Erfahrungsschatz aus verschiedenartigen Organisationen • Bessere Akzeptanz durch das Top-Management, das in aller Regel Auftraggeber ist • Mut zu einschneidenden Maßnahmen	• Bessere Vertrautheit mit der eigenen Organisation • Weitgehende Identität der Wertvorstellungen • Leichtere Anerkennung auf den unteren Hierarchieebenen • Eher evolutionäres Vorgehen

Tab. 5: Vorteile von externen und internen Beratern
(Quelle: eigene Darstellung: nach Staehle 1999, S. 974)

Die Klienten wiederum lassen sich ebenfalls typisieren: *Hoffmann* (1991, S. 93 ff.) hat im Rahmen von empirischen Analysen von Beratungen und Befragungen von Beratern wie Klienten eine Klassifizierung („Typologie") der Klienten mit Hilfe der beiden Dimensionen „Bereitschaft zum Lernen und zum Wandel" sowie „Problemdruck" durchgeführt:

- Typ I: Getriebener

  Der „Getriebene" ist gekennzeichnet durch hohen Problemdruck gepaart mit niedriger Lern- und Kooperationsbereitschaft. Er ist zwar nicht zur Zusammenarbeit bereit, erwartet aber eine zügige Lösung durch den Berater, ohne sich selbst „ändern" zu müssen.

- Typ II: Krisenbewältiger

  Der „Krisenbewältiger“ hat ebenfalls hohen Problemdruck, ist allerdings auch zur Zusammenarbeit und Durchführung des nötigen Veränderungsprozesses bereit.

- Typ III: kooperativer Problemlöser

  Der „kooperative Problemlöser“ ist ohne gesonderten Problemdruck an präventiven Maßnahmen zum langfristigen Erfolg der Organisation interessiert und bereit, diese Maßnahmen durchzusetzen und mitzutragen.

- Typ IV: Imagepfleger

  Der „Imagepfleger“ zeigt kein ernsthaftes Interesse an einem Wandel, da kein akutes Problem vorliegt und besitzt deshalb (in diesem Fall) auch keine ausgeprägte Lern- und Kooperationsbereitschaft. Die Gründe für die Bemühung eines Beraters sind in einer Image-Aufwertung oder zur Befriedigung externer Einflussgrößen („Alibi-Funktion“) zu suchen.

Interessant ist, dass knapp über die Hälfte der untersuchten Klienten dabei in die Kategorie „kooperativer Problemlöser“ eingeordnet wurden. Maßgeblich war dabei das Verhalten im Verlauf der Beratung. Zwei Drittel aller Klienten zeigten in den von *Hoffmann* untersuchten Beratungen die Bereitschaft zu Lernen und Wandel, die sich allerdings zumeist erst während des Beratungsprozesses in erhöhtem Maße einstellte (vgl. Hoffmann 1991, S. 96 f.)

Das Promotorenmodell von *Witte* (1973) beschreibt Menschen, die unabhängig von ihren Aufgaben und ihrer Position in der Organisation innovativ und mit persönlichem Engagement zur Überwindung von Willens- und Fähigkeitsbarrieren beitragen. Sie fungieren dabei als „Energieträger“, sie sollen den Innovationsprozess anstoßen und fördern, in dem sie sich über das normale Maß hinaus innerhalb der organisationalen Hierarchie prozessfördernd und -gestaltend einbringen. Da sich die Widerstände auf zwei verschiedenen Ebenen äußern, zum einen auf der Willensebene und zum anderen auf der fachlichen Ebene, unterscheidet *Witte* zwei Arten von Promotoren, die für die jeweilige Überwindung dieser Barrieren zuständig sind: den Machtpromotor und den Fachpromotor:

Der Machtpromotor muss sinnvollerweise genügend hierarchische Macht besitzen, um Sanktionen („Opponenten“) aber auch Schutz („Innovationswillige“) zu ermöglichen, wobei die Macht sich aus dem gesamten Spektrum der modernen Führungslehre ergeben und nicht im Sinne von Befehlen zur Anwendung kommen soll. Dazu bietet sich eine ausreichend hohe Position innerhalb der Organisation – bis hin zur höchsten Führungsebene – an. Der Machtpromotor soll glaubwürdig wirken und sein, immer wieder intensiv und aktiv fördern, Hilfestellungen geben und bei Misserfolgen aufs Neue motivieren. Seine Aufgabe ist somit immer wieder in der „Energieeingabe zur Überwindung von Willensbarrieren" (Witte 1973, S. 18) zu suchen.

Der Fachpromotor soll dagegen den „Innovationsprozess durch objektspezifisches Fachwissen aktiv und intensiv" (Witte 1973, S. 18) fördern. Die Lage innerhalb des Hierarchiegefüges der Organisation ist dabei nicht von Belang, allerdings sollte er aufgrund seiner anzustrebenden Expertenstellung in den entsprechenden fachlichen Fragen „weder eine rein ausführende Arbeitskraft noch ein Spitzenmanager sein" (Witte 1973, S. 18) – der Arbeitskraft wird vermutlich das Potential fehlen und der Manager ist i.d.R. universal bewandert, nicht spezifisch. Zu suchen ist der Fachpromotor am ehesten im unmittelbaren Umfeld der (technischen) Innovation, was bedeutet, dass auch er sich das Expertenwissen erst aneignen muss, um fördernd aktiv werden zu können. Da er keine oder kaum hierarchische Macht besitzen dürfte, speist sich seine Überzeugungskraft und prozessfördernde Energie sowohl gegenüber den Opponenten als auch gegenüber den Innovationswilligen aus seinem sich möglichst ständig erweiternden Fachwissen bezüglich des Innovationsgegenstandes. Der Fachpromotor ist somit Lernender und Lehrender zugleich, womit er die Fähigkeitsbarrieren zu überwinden sucht.

Es ist durchaus denkbar, dass die Trennung der beiden Promotorenarten in der Praxis aufgehoben wird und eine Mischform entsteht, die beide prozessfördernden Verhaltensweisen vereinen kann. Für alle drei Möglichkeiten sind die „Häufigkeit des aktiven Tuns" (Witte 1973, S. 20) und die „Häufigkeit des Bemerktwerdens" (Witte 1973, S. 20) ausschlaggebende Faktoren zur Identifikation der Promotoren.
Sind beide Promotoren vorhanden, ist eine Zusammenarbeit außerhalb der normalen organisationalen Hierarchie sinnvoll, um gegenseitige Unterstützung und konstruktive Förderung zu ermöglichen. Diese Koalition nennt *Witte* (1973, S. 21) „Promotoren-Gespann" und charakterisiert dieses als aufeinander angewiesenes, eng zusammenarbeitendes ‚Innovationsorgan' (vgl. Witte 1973, S. 14 ff.).

Die Zwei-Personen-Konstellation von *Witte* (1973), Macht- und Fachpromotor, wird von *Hauschildt* (1991) noch um den Prozesspromotor ergänzt. Dieser ist zunächst das Verbindungsglied zwischen Macht- und Fachpromotor, wobei er seine Kenntnisse um die Organisation und deren Innovationspotential und Innovationsträger für die Verbreitung der ‚Idee' nutzt. Voraussetzung dafür ist die Fähigkeit, mit unterschiedlichen Menschen umgehen und individuell auf diese eingehen zu können. Zudem unterhält der Prozesspromotor Informationsbeziehungen zu den Marktpartnern (Kunden und Lieferanten) wie auch zu externen Beratern und der Gruppe der Opponenten. *Hauschildt* (1991, S. 236) bezeichnet diese Verbindungen als „Ergänzende Informationsbeziehungen". Der Prozesspromotor kann in dieser Eigenschaft des Mittlers zwischen allen ‚Instanzen' als „soziometrischer Star" (Hauschildt 1991, S. 236) dieses Beziehungsgeflechtes bezeichnet werden. Folgende Bündel charakteristischer Eigenschaften nach *Howell/Higgins* (1990) nennt *Hauschildt* (1991, S. 237):

- Die „persönliche Charakteristik" erfordert Risikobereitschaft und das unbedingte Streben nach (der) Innovation.
- Die erforderlichen „Führungsqualitäten" sollen sich insbesondere in charismatischem Auftreten, inspirierendem Wirken und der intellektuellen Stimulation niederschlagen.
- Die dabei angewandte „Einflußtaktik" soll häufig variieren und eine große Bandbreite aufweisen. Freundliches wie arrogantes Verhalten sind ebenso gefordert wie Koalitionenbildung, Verhandlungsgeschick und ‚geheime' Absprachen (vgl. Hauschildt 1991, S. 237 und Howell/Higgins 1990, S. 320-324, zusammenfassende Abbildung S. 324, Figure 1: A general model of Champion personality characteristics, transformational leadership, and influence tactics.).

Zusätzlich zur bisher dargestellten intra-organisatorischen kommt mit dem ‚Beziehungspromotor' die inter-organisatorische Perspektive ins Spiel, die nach *Hauschildt/Chakrabarti* (1988) im Zusammenhang mit der Arbeitsteilung zumeist vernachlässigt wird (vgl. Hauschildt/Chakrabarti 1988, S. 382).

In Innovationsprozessen wird zur Überwindung von Barrieren neben den bereits vorgestellten Beiträgen von Macht-, Fach- und Prozesspromotoren möglicherweise auch ein sog. Beziehungspromotor benötigt, der interorganisationale Barrieren in innovativen Kooperationen durch Nutzung der „bereits vorhandenen guten Beziehungen zu Schlüsselakteuren auf beiden Seiten der Partnerorganisationen und zu Dritten sowie seinen Fähigkeiten, neue Netzwerkbeziehungen zu erschließen" (Gemünden/Walter 1996, S. 237), überwinden soll.

Gemünden/Walter (1995, S. 973) charakterisieren den Beziehungspromotor anhand der „Differenzierung seiner wesentlichen Elemente", der von ihm zu überwindenden „Barrieren", seiner „Leistungsbeiträge" und seiner „Machtquellen" (zur genauen Beschreibung dieser ‚Elemente' des Beziehungspromotors vgl. Gemünden/Walter 1995, S. 974-976). Aufgrund dieser Differenzierung verstehen die o.g. Autoren unter einem Beziehungspromotor „eine Person, die inter-organisationale Austauschprozesse durch gute persönliche Beziehungen zu Schlüsselakteuren, die über kritische Ressourcen verfügen, aktiv und intensiv fördert." Die mögliche Kombination von verschiedenen ‚Promotorenarten' ist dabei „wesentlich von den zu überwindenden Barrieren abhängig" (Gemünden/ Walter 1995, S. 977) und verbessert bei gewissen Konstellationen sicherlich die Effizienz (vgl. hierzu das Beispiel bei Gemünden/ Walter 1995, S. 977). Zusammengefasst lässt sich sagen, dass Beziehungspromotoren „Anbahnungs-, Entwicklungs-, Verwertungs- und Organisationsprozesse in Innovationskooperationen" (Gemünden/Walter 1995, S. 977) fördern und dabei die möglicherweise auftretenden Risiken in Häufigkeit und Schadensausmaß schmälern (vgl. Gemünden/Walter 1995, S. 973-977).

Schirmer (2000) konzentriert sich auf Koalitionen und das Koalitionskonzept, denn er sieht den Erfolg von Reorganisationsprozessen im Gegensatz zu den Promotorenkonzepten in der Zusammenarbeit und gegenseitigen Unterstützung von Organisationsmitgliedern, die in ihrer Anzahl „weit über den Kreis von wenigen Schlüsselpersonen hinausgehen." (Schirmer 2000, S. 259). Koalitionen sind vereinfacht ausgedrückt zusammenarbeitende Akteure, die Unterstützungspotential hinsichtlich der Durchsetzung einer Wandelinitiative aufweisen. Die Funktion solcher Koalitionen wird in der „*Verbreiterung des Machtpotentials von Unterstützern des Wandels* zur verbesserten Durchsetzung von Reorganisationsinitiativen in inhaltlich umstrittenen und durch Interessenskonflikte geprägten Reorganisationsprozessen" (Schirmer 2000, S. 259) gesehen (vgl. Schirmer 2000, S. 258-260; bez. ausführlicher Darstellung des Koalitionskonzepts vgl. Schirmer 2000, S. 257 ff.)

In der Literatur wird der Begriff der Opponenten – gerade im Zusammenhang mit Promotoren-Konstellationen (vgl. z.B. Hauschildt 1991, S. 236) – des öfteren gebraucht, um die Akteure oder Akteursgruppen des Wandels vollständig darzustellen. Trotzdem befassen sich die wenigsten mit der Gruppe der Opponenten an sich (vgl. z.B. Kieser/Hegele/Klimmer 1998, S. 120 ff.: hier ist von „Barrieren des organisatorischen Wandels" die Rede und ‚nur', wie diese sich äußern). Zugegeben sind diese nur schwer zu fassen oder anhand allgemeingültiger Kriterien zu beschreiben (z.B. Zugehörigkeit zu einer bestimmten Hierarchieebene, intra-individuelle Faktoren, usw.), doch ist es möglich, die oppositionellen Verhaltensweisen (zu den Strategien bzw. ‚Verhaltensweisen' von Opponenten und Promotoren im Rahmen des Modells des Innovationsprozesses: vgl. Hauschildt 1997, S. 172-176) zu erfassen. Dagegen werden einzelne Phänomene der Opponenten gegen den Wandel wie ‚Beschwerden', dem ‚Einbringen konkurrierender Projekte' (vgl. Hauschildt/Chakrabarti 1988, S. 384), usw. genannt oder zunächst pauschal von ‚Widerständen' gesprochen (vgl. z.B. Schmidt 1996) sowie Lösungsvorschläge mit Schlagworten wie ‚Kommunikation' und ‚Partizipation' (vgl. z.B. Kieser/Hegele/Klimmer 1998) ausführlich behandelt.

Im Zusammenhang mit den Barrieren, die der Beziehungspromotor überwinden soll, betrachten *Gemünden/Walter* (1995) oppositionelles Verhalten, das offen wie auch verdeckt und zugleich aktiv oder passiv sein kann. Es kann gegen „Personen, Objekte, Prozesse, Entscheidungen, Meinungen etc." (Gemünden/Walter 1995, S. 974) gerichtet sein. Widerständen in der Interaktion können sachliche Argumente entgegengestellt werden, doch garantiert dies in keiner Weise die notwendige Einstellungsänderung bei den Opponenten. Gründe für das irrationale Verhalten der Opponenten können zum einen in einer intellektuellen Überforderung oder zum anderen in einem bewussten Verzicht der kognitiven Problembewältigung liegen. Bei inter-organisationalem Wandel können zudem persönliche oder organisationale Interessen dem Wandel (bzw. dem organisationsübergreifenden Innovationsprozess) entgegenstehen (vgl. Gemünden/ Walter 1995, S. 974).
Analog zum bereits vorgestellten Modell von *Witte* (1973) identifizieren *Gemünden/Walter* (1996) Fach- und Machtopponenten, die für ihre Opposition dieselben Quellen und denselben Einfluss nutzen wie die Promotoren für das Voranbringen der Innovation bzw. des Wandels (vgl. Gemünden/ Walter 1996, S. 238).

Zusammenfassend lassen sich demnach folgende Akteure und/ oder Akteursgruppen im Wandel identifizieren:

- Externe und/ oder interne Berater (Beratersystem)
- Allgemein gesprochen: Klienten bzw. ein Klientensystem
- Promotoren (unterscheidbar in Macht-, Fach-, Prozess- und Beziehungspromotoren; zu den vielfältigen anderen Bezeichnungen: vgl. Hauschildt 1992, S. 234)
- Koalitionen als ‚machtvoller' Zusammenschluß von Veränderungswilligen
- Opponenten: Menschen, die dem Wandel skeptisch gegenüberstehen und (möglicherweise) Widerstände erzeugen

2.5. Modelle des Wandels

Türk (1989) unterscheidet drei Grundmodelle der Veränderung von Organisationen, die Entwicklungsmodelle (1), die Selektionsmodelle (2) und die Lernmodelle (3), die im Folgenden erörtert werden. Der Schwerpunkt soll dabei auf den Lernmodellen liegen, da dies im Hinblick auf die Konzeptionen der Lernenden Organisation (siehe 3.) sinnvoll erscheint.

(1) Die Entwicklungsmodelle

In Entwicklungsmodellen werden dem System innewohnende, eigendynamische Triebkräfte der Veränderung unterstellt, die die Richtung der Veränderung bereits implizieren. Dies bringt die teleologische Komponente dieser Vorstellung zum Ausdruck. Zwar können Umwelteinflüsse den Veränderungsprozess in gewissem Maße beeinflussen, doch ist eine grundsätzliche Änderung der einmal in Gang gekommenen Veränderungsausrichtung nicht möglich. Einmal durchgeführte Veränderungen sind in diesem Verständnis unumkehrbar. Auch die Ansätze der Selbstorganisation von Systemen bedienen sich ähnlichen Vorstellungen, wobei dort der teleologische Aspekt wegfällt. In der Organisationstheorie sind solche Modelle als Lebenszyklusmodelle bekannt (vgl. Türk 1989, S. 55 ff.).

(2) Die Selektionsmodelle

Die Selektionsmodelle unterstellen eine Konkurrenzsituation zwischen verschiedenen Systemen in einer gemeinsamen Umwelt und aufgrund der Selektion dieser Umwelt im Gegensatz zu den Entwicklungsmodellen eine exogene Dynamik. Die Fähigkeit zur Reproduktion ist wegen der Ressourcenknappheit dabei der Garant des Überlebens und stellt eine Bewährung des Systems bzw. der Organisation in der Umwelt dar. Zwar werden Veränderungen „im Sinne von Variationen“ (Türk 1989, S. 56) innerhalb des Systems initiiert, doch bewirken externe Kräfte die Selektion von unzureichend angepassten Systemen. Variationen sind in diesem Zusammenhang ständige Vorgänge, beispielsweise der Schaffung neuer Strukturen, der Prozessinitiierung, der Zielvereinbarung, der Technologieimplementierung, usw. in einer Organisation. Die Reproduktion besser angepasster Systeme wird als „»Retention« oder »Stabilisierung«“ (Türk 1989, S. 56) bezeichnet. Diese Art der Anpassung setzt eine relativ konstante Umwelt voraus, da ansonsten keine Adaption möglich wäre. Die Richtung der Variationen, der Selektionen und der Retentionen, also der Entwicklung der Systeme, ist dabei nicht bestimmt. Durch sogenannte „»constraints«“ (Türk 1989, S. 56) oder Bedingungen der Umwelt wird der Rahmen der organisationalen Aktionen abgesteckt und die Organisation muss auf diese Umweltbedingungen reagieren, sich auf sie einstellen (vgl. Türk 1989, S. 56 ff. und S. 80 ff.).

(3) Die Lernmodelle

Lernmodelle sind „Theorien einer epigenetischen Optimierung“ (Türk 1989, S. 57), d.h. die Entwicklung im Sinne der Lernmodelle findet durch Neubildungen, die aufeinander folgen, statt. Es handelt sich dabei um Modelle, die eine reflexive Fehlerkorrektur unterstellen und damit ihren Ansatzpunkt in der internen Effizienz der Organisation finden. Selektion wie Retention erfolgen somit innerhalb der Organisation. Anders als die Selektionsmodelle befähigen die Lernmodelle Organisationen zu weit mehr als nur Variationen, sie werden „als zu bewußten und erfolgreichen Veränderungen ihrer eigenen operativen Programme kompetente Einheiten“ (Türk 1989, S. 94) beschrieben. Die Lernprozesse finden zunächst „gemäß dem einfachen Stimulus-Response-Modell über Verstärkungsmechanismen“ (Türk 1989, S. 57) statt, während mit steigender Komplexität kognitive Lernprozesse unterstellt werden, die diese gerade beschriebene Veränderungskompetenz ermöglichen. Die Erkenntnisse der kognitiven Lernprozesse müssen aber operative Wirkung in der Organisationspraxis entfalten, damit die Lernprozesse als abgeschlossen gelten können. Voraussetzung ist demnach die Durchsetzung des Gelernten innerhalb des Systems. Lernmodelle unterstellen meist einen impliziten ‚roten Faden‘, anhand dessen die Richtung der Veränderung vorgegeben scheint. *Türk* (1989, S. 57) spricht in diesem Zusammenhang von „kumulativen Prozessen“, die eine „Richtung entlang eines Optimierungspfades in bezug auf unterstellte interne Zielgrößen (z.B. Bedürfnisbefriedigung)“ verfolgen (vgl. Türk 1989, S. 57 und S. 94).

Auch *Türk* (1989, S. 95) schreibt der Thematik des Lernens in und von Organisationen eine wichtige Bedeutung zu, denn „Organisationen sind offenbar die zentralen Lernorte in der Gegenwartsgesellschaft.“ Doch kritisiert er die Gleichgültigkeit der theoretischen und pragmatischen Vorstellungen der entsprechenden Ansätze gegenüber den eigentlichen Inhalten. Das Ziel sei die Effizienzsteigerung der jeweiligen Organisationen und der Erfolg dieser Lernmodelle habe eine weitere Verschärfung der „Gangart des ökonomischen Systems“ (Türk 1989, S. 96) zur Folge (vgl. Türk 1989, S. 94 ff.).

Auf die lerntheoretischen Grundlagen des organisationalen Lernens soll in diesem Kontext noch nicht eingegangen werden, diese werden als Basis für die Konzeptionen der Lernenden Organisation in Kapitel 3 (siehe 3.2.) dargelegt, gleichwohl dass Wandel und Lernen offensichtlich eng verknüpft sind. Dies gilt es u.a. in der Zusammenführung der Konzeptionen in Kapitel 4 zu zeigen.

Im Folgenden werden die eben dargestellten Modelle des Wandels nach *Türk* (1989) nochmals in einer Übersicht (Tab. 6) zusammengefasst:

Modell-kategorien / Grund-kategorien	**Entwicklungsmodelle**	**Selektionsmodelle**	**Lernmodelle**
Objekte	Einzelorganisation	Einzelorganisation Population v. Organisationen Communities v. Organisationen Organisationsformen	Kognitive Strukturen v. Individuen/ Kollektiven Organisationsstrukturen
Subjekte	"System"	Individuen? Organisation? "unsichtbare Hand"	Individuen Kollektive
Medien	"Selbstorganisation" "Eigendynamik"	Bewährung/ Scheitern reproduktiver Erfolg	Erkenntnis, Einsicht Verstärkermechanismen
Triebkräfte	Endogene Dynamik	Konkurrenz Erfolgsorientierung	Bedürfnisbefriedigung Wertrealisierung Erfolgsorientierung
Prozesse	Teleologisch Gerichtete Muster Genetische Kausalität	Blinde Variationen a-kausale Strukturenkopplung von System und Umwelt	Akkumulation von Kompetenzen "epigenetische Optimierung"
Strukturen	Gestaltwandel Selbstverstärkung	z.T. Gestaltwandel, Wandel v. Organisationsformen "Absterben" v. Organisationspopulationen	Gestaltwandel

Tab. 6: Modelle der Veränderung von Organisationen im Zeitablauf
(Quelle: Türk 1989, S. 59)

2.6. Ausgewählte Instrumente des Change Management

Aufgrund des großen Stellenwerts des Wandels bzw. der Fähigkeit zum Wandel in einer sich schnell verändernden Welt wurden sehr schnell aufeinanderfolgend entsprechende Konzepte, die diesen Wandel steuern und bewältigen sollen, entwickelt (vgl. Eckardstein/Kasper/Mayrhofer 1999, S. 359). *Kieser/Hegele/Klimmer* (1998) sprechen in diesem Zusammenhang von modischen Konzepten bzw. von „Organisationsmoden" (Kieser et al. 1998, S. 16), die oftmals Probleme suggerieren, für die sie die Lösung zu haben scheinen (vgl. Kieser et al. 1998, S. 16, S. 24 ff. und S. 42 ff.).
So existiert mittlerweile ein ‚Pool' an Instrumenten bzw. inhaltlichen Konzepten des Change Management. Als aktuell am meisten beachtete und neueste Inhaltskonzepte gelten das Qualitätsmanagement, Lean Management, Business Reengineering und das Organisationale Lernen (vgl. Eckardstein/Kasper/Mayrhofer 1999, S. 365), von denen zwei exemplarisch vorgestellt werden sollen.

2.6.1. Lean Production bzw. Lean Management

Seit Anfang der neunziger Jahre des 20. Jahrhunderts gibt es den Begriff der ‚Lean Production' (‚schlanke Produktion') oder des ‚Lean Management' (‚schlankes Management') (vgl. Kieser et al. 1998, S. 43 und Eckardstein/Seidl 1999, S. 431). Lean Production ist gewissermaßen ein Bestandteil des Lean Management, das als ganzheitliches Konzept nicht nur die Produktion alleine im Blick hat (vgl. Reiß 1997, S. 48), sondern die Elemente der Lean Production in elaborierter Weise aufeinander abstimmt und verbindet (vgl. Eckardstein/Seidl 1999, S. 433). Deshalb soll im Folgenden der Begriff des ‚Lean Managements' genutzt werden.

Das Lean Management (LM) wird als integriertes Management-Konzept beschrieben, das die Effizienzoptimierung von Kosten und Zeit in den Mittelpunkt stellt. Es soll dabei jede Art von Verschwendung innerhalb der Organisation (z.B. Materialvergeudung, Qualitätsmängel, unzureichende Standardisierung, Fehlzeiten, u.ä.) identifiziert und die Ineffizienz behoben werden (vgl. Reiß 1997, S. 47).
Der aus Japan stammende Ansatz sorgte in den westlichen Organisationen für einen „fundamentalen, ja revolutionären Wandel in den Arbeits- und Management-Prinzipien" (Reiß

1997, S. 48): die Gruppenarbeit hielt in großem Stile Einzug. Allerdings geriet das Konzept aufgrund des Namens (lean = schlank, mager) schnell in Verruf, lediglich ein effizientes Sparprogramm mit Entlassungen und möglichst großer Kostenreduktion zu sein. Ziel soll dabei aber auch der Aufbau von bestimmten Fähigkeiten sein, was neben Einsparungen zusätzlich Investitionen, besonders in die Personal- und Organisationsentwicklung, bedeutet (vgl. Reiß 1997, S. 48; zum Vorwurf der Rationalisierungsstrategie vgl. auch Eckardstein/Seidl 1999, S. 452).

Von zentraler Bedeutung ist – wie bereits angedeutet – der synergistische, ganzheitliche Gedanke des Konzeptes. Die folgenden vier Grundprinzipien können als zentrale Orientierungen angesehen werden:

(1) Integrative, ganzheitliche Orientierung

Die Wertschöpfungsorientierung bezieht alle organisationalen Prozesse sowie die Beziehungen zu Kunden und Zulieferern mit ein. Alle Prozesse sollen dabei aufeinander abgestimmt werden.

(2) Reduktion von Komplexität

Aus Gründen der Überschaubarkeit und Einfachheit sollen alle Prozesse in Konstruktion, Fertigungstechnik und Arbeitsorganisation vereinfacht werden.

(3) Herstellung intensiver Kommunikation bzw. Rückkopplung

Eine bereichsübergreifende Kommunikation soll eine bessere Verständigung zur Vermeidung von Missverständnissen u.ä. ‚kommunikativen Pannen' gewährleisten. Dies schließt den Dialog mit Kunden ein, die wichtige Feedbacks liefern. Trotz der Kommunkationsverstärkung soll sich die Komplexität nicht erhöhen.

(4) Prinzip wechselseitiger Verpflichtungen

Die Stärkung des Bewußtseins einer wechselseitigen Verpflichtung bei den Organisationsmitgliedern soll das Vertrauen fördern (vgl. Eckardstein/Seidl 1999, S. 436). Die Bausteine des LM (s. Abb. 3), die als „eigene kleine Teilkonzepte" (Eckardstein/Seidl 1999, S. 437) bezeichnet werden und nur im Zusammenwirken mit den anderen zur Entfaltung kommen. Der hohe Grad der Vernetzung und gegenseitigen Beeinflussung soll allerdings wiederum nicht in eine höhere Komplexität münden.

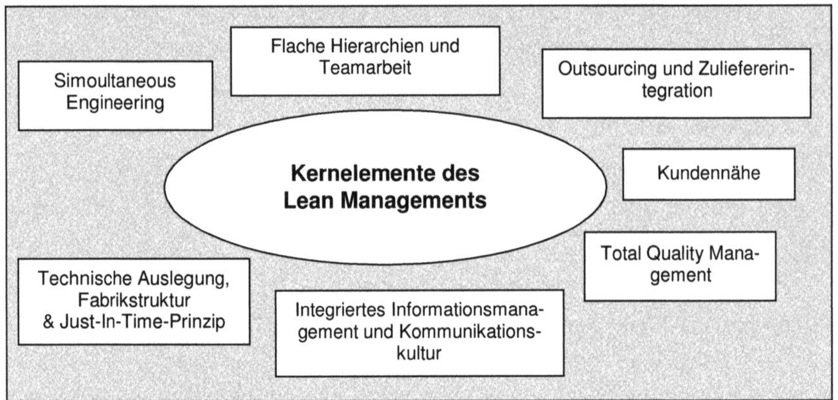

Abb. 3: Die Bausteine des Lean Management
(Quelle: Eckardstein/Seidl 1999, S. 437: in Anlehnung an Groth/Kammel 1994, S. 34)

- Technische Auslegung, Fabrikstruktur & Just-In-Time-Prinzip

  Die in der Produktion befindlichen Organisationseinheiten werden entsprechend des logistischen Ablaufs zusammengefasst und erhalten zudem Entscheidungs- und Planungskompetenzen.
  Durch eine neue Anordnung der Fertigungslinien (u.a. häufig mit Integrierung von Gruppenarbeit verbunden) soll der Produktionsprozess vereinfacht, verkürzt und insgesamt optimiert werden. Modulare Produktstrukturen führen einerseits zur Vereinfachung und andererseits zu mehr Flexibilität im Hinblick auf Kundenwünsche.
  Durch das Just-In-Time-Prinzip (Null-Puffer-Prinzip) werden Lagerhaltungskosten durch die unmittelbare Bereitstellung des benötigten Materials minimiert. Dies bedeutet eine Optimierung der Beschaffungsprozesse und eine erhebliche Kostenersparnis. Andererseits sind eine große Abhängigkeit der Zuliefererbetriebe und eine übermäßige Beanspruchung der Verkehrswege kritisch anzumerken (vgl. Eckardstein/Seidl 1999, S. 438-441).

- Teamorientierung, Gruppenarbeit und flache Hierarchien

  Aufgrund der neuen Kompetenzzuweisungen können Hierarchieebenen abgebaut werden, die kürzere und effizientere Kommunikationswege erlauben.
  Teams (und die Bereitschaft zur Teamarbeit) werden in diesem Zusammenhang als dezentrale Verantwortungsbereiche immer wichtiger. Mehr (Eigen-) Verantwortung, erweiterte Kompetenzen und das Streben nach kontinuierlicher Verbesserung sollen

die Teams auszeichnen. Durch den gewissen Gestaltungsspielraum in der Gruppenarbeit steigt i.d.R. die Motivation der Mitarbeiter, allerdings kann es auch zu Überforderungen kommen. Diese partizipative Arbeitsform verändert zudem auch die industriellen Beziehungen, bspw. die Rolle der betrieblichen Interessenvertretungen (vgl. Eckardstein/Seidl 1999, S. 441-445).

- Simultaneous Engineering

  Produkt-, Produktions- und Prozessentwicklung laufen zum einen weitgehend synchron und parallel ab und zum anderen werden diese Bereiche besser miteinander verknüpft, so dass sich Entwicklungszeiten verkürzen (vgl. Eckardstein/Seidl 1999, S. 446).

- Total Quality Management (auch eigenes Konzept; Anm. d. A.)

  Das Ziel ist die produktionssynchrone Qualitätskontrolle (Traum: Null-Fehler-Organisation), wobei Qualität ein zentraler Begriff des Lean Managements ist: zum einen bedeutet Qualität Fehlerlosigkeit und zum anderen die bestmögliche Erfüllung der Kundenansprüche und -wünsche. Eine interne Qualitätsprüfung (»interner Kunde«) findet durch die jeweils nachfolgende Produktionseinheit statt, so dass im Interesse aller die Qualität so hoch wie möglich gehalten wird, um Verzögerungen zu vermeiden (vgl. Eckardstein/Seidl 1999, S. 447-448).

- Outsourcing und Zuliefererintegration

  Der Hauptgedanke ist hier die „Konzentration auf Kernkompetenzen" (Eckardstein/Seidl 1999, S. 448; kursiv i. Orig.). Um diese zu finden, muss die organisationale Fähigkeit zur Selbstreflexion gegeben sein. Outsourcing spielt im Rahmen der Verringerung der Fertigungstiefe eine Rolle, kann aber auch konzernintern als interner Wettbewerb zum Tragen kommen. Die erfolgreiche Integration der Zulieferer erstreckt sich auf Entwicklungsbemühungen, Qualitätsverbesserung und die bessere Erfüllung der Kundenwünsche (vgl. Eckardstein/Seidl 1999, S. 448-451).

- Kundennähe

  Dies bedeutet sowohl die Neukundengewinnung als auch die Pflege bereits bestehender Kundenbeziehungen. Die Zufriedenheit der Kunden soll zur Grundorientierung der Mitarbeiter werden (vgl. Eckardstein/Seidl 1999, S. 451-452).

- Integriertes Informationsmanagement und Kommunikationskultur

  Für die Umsetzung des LM ist die ausreichende und schnelle Übermittlung der relevanten Informationen unabdingbar. Zudem sollte sich die Informationspolitik durch Transparenz und Offenheit auszeichnen und die geeignete Infrastruktur zur Verfügung stellen (vgl. Eckardstein/Seidl 1999, S. 452).

Die Herausforderung besteht – wie wohl bei allen Management-Konzepten – in der organisationsspezifischen Implementierung (zu Implementierungshindernissen vgl. Eckardstein/Seidl 1999, S. 453-455). Trotz der angedeuteten Kritik (zur kritischen Beurteilung vgl. Kieser et al. 1998, S. 48 ff.) hat LM „tiefe Spuren in der betrieblichen Praxis hinterlassen“ (Eckardstein/Seidl 1999, S. 459), auch wenn momentan andere Konzepte größere Beachtung finden (vgl. Eckardstein/Seidl 1999, S. 453 ff.).

2.6.2. Business Process Reengineering

Das ‚Business Process Reengineering' (BPR) ist unter den aktuellen Konzepten das wohl am meisten beachtete (vgl. Reiß 1997, S. 34). Es handelt sich dabei im Gegensatz zur vorhergehenden Implementierungsstrategie ‚Business Reengineering' um eine gesamtbetriebliche Modernisierungsstrategie, die v.a. um die Themenbereiche Prozessmanagement, Ressourcenorientierung und Kernkompetenzen ergänzt wurde (vgl. Majer/Nachbagauer 1999, S. 464).

Hammer/Champy (1994) nennen einige Prinzipien des BPR, von denen die wichtigsten (vgl. auch Kieser et al. 1998, S. 58 ff.) vorgestellt werden:

- Organisatorische Einheiten werden von Fachabteilungen zu Prozessteams verändert: Mitarbeiter werden entsprechend den Schritten und Tätigkeiten des Arbeitsprozesses zusammengefasst, anstatt sie in eigenständigen, voneinander getrennten Einheiten zu beschäftigen, „die durch die Organisationsstruktur künstlich zerrissen“ (Hammer/Champy 1994, S. 91) wurden. Das Verbindungsglied zwischen den Organisationsprozessen und den Kunden ist ein sog. „Casemanager“ (Hammer/Champy 1994, S. 86), der die Prozesse repräsentiert, als ob er für deren Durchführung verantwortlich wäre (vgl. Hammer/Champy 1994, S. 86 f. und S. 90-93).

- Ersetzen von einfachen Aufgaben durch multidimensionale Berufsbilder: Die Verantwortung für den gesamten Prozess wird unter den Teammitglieder aufgeteilt und führen nicht mehr nur einen kleinen Arbeitsschritt aus (vgl. Hammer/Champy 1994, S. 93-96).

- Es existieren mehrere Prozessvarianten: die konventionellen Prozesse der Massenproduktion greifen im heutigen Organisationsumfeld, das von Veränderung geprägt ist, nicht mehr. Deshalb ist es erforderlich, dass mehrere Varianten für unterschiedliche Märkte und Erfordernisse zur Verfügung stehen, die allerdings die gleichen Größenvorteile wie bei der Massenproduktion bieten müssen (vgl. Hammer/Champy 1994, S. 77 f.).

- Durch „Empowerment" (Hammer/Champy 1994, S. 96) ändert sich die Rolle der Mitarbeiter: Empowerment stellt eine Ermächtigung im Sinne von selbstgesteuertem, engagiertem Verhalten dar: Die Mitarbeiter sollen „mitdenken, sich austauschen, ihr Urteilsvermögens einsetzen und Entscheidungen fällen." (Hammer/Champy 1994, S. 97). Prozessorientierte Teams sind zwangsläufig selbstgesteuert (vgl. Hammer/Champy 1994, S. 96-98).

- Die Veränderung des Managers zum Coach und zur Führungspersönlichkeit: die Überwachungsfunktionen traditioneller Vorgesetzter weichen der gezielten Forderung und Förderung der Mitarbeiter, so dass diese die wertschöpfenden Prozesse eigenverantwortlich durchführen können (vgl. Hammer/Champy 1994, S. 104 f.). Die Führungskräfte müssen durch „Worte und Taten die Wertvorstellungen und Überzeugungen der Mitarbeiter beeinflussen und verstärken können." (Hammer/Champy 1994, S. 108). Diese Führungspersönlichkeiten sorgen für die entsprechende Konzipierung der Prozesse und die Motivation der Mitarbeiter durch das Managementsystem (vgl. Hammer/Champy 1994, S. 108 f.).

- Die Veränderung der Organisationsstrukturen: es sind durch die Kompetenzerweiterungen der Teams hinsichtlich des Prozessmanagements und des damit verbundenen Zusammenfügens ehemals fragmentierter Prozesse weniger Manager als Bindeglieder erforderlich und somit flachere Hierarchien möglich (vgl. Hammer/Champy 1994, S. 106 f.).

der Prinzipien (Grundelemente des BPR) von *Hammer/Champy* (1994) ermöglichen (vgl. Kieser et al. 1998, S. 61 ff.).
BPR ist weder radikal neu noch so revolutionär in den Ergebnissen, wie dies behauptet wird (vgl. Kieser et al. 1998, S. 67 f.: zur kritischen Würdigung vgl. S. 65-69).

Dennoch wird BPR als „wertvolle Richtschnur" (Majer/Nachbagauer 1999, S. 487) für die Umgestaltung von organisationalen Teilbereichen gesehen. Durch die Prozessorientierung lassen sich sowohl Einspareffekte als auch Effizienzverbesserungen erzielen. Hinsichtlich der Möglichkeiten für eine Gesamtveränderung von Organisationen wird das Konzept als „nur eingeschränkt zielführend" (Majer/Nachbagauer 1999, S. 487) gesehen (vgl. Majer/Nachbagauer 1999, S. 487).

2.7. Kritik an der Change Management Konzeption

Die inhaltlichen Konzepte bzw. Instrumente des Change Management scheinen grundsätzlich alles planen zu wollen. So kann der Eindruck entstehen, dass alle Bereiche der Organisation gleichermaßen erreicht werden können und ein umfassender, tiefschürfender Wandel trotz der Vielzahl an zu verändernden Elementen möglich ist. Zum einen sind viele Inhaltskonzepte mit in ihrer Gesamtheit schwer zu fassenden Komponenten ‚zugepfropft' (vgl. z.B. Kieser et al. 1998, S. 60 ff.: zur Kritik an BPR) und zum anderen wird m.E. „die grundsätzlich beschränkte Planbarkeit des sozialen Systems Organisation" (Staehle 1999, S. 899) zu wenig berücksichtigt.

Wüthrich et al. (2002) haben typische Merkmale des Change Management-Verständnisses identifiziert (vgl. Wüthrich et al. 2002, S. 48 ff.), die sowohl Verständnisfehler wie auch Anwendungsfehler verdeutlichen:

- Change Management als Episode:

  Ob Change-Programm ‚aus Gründen des guten Tons' durch den neuen CEO oder kurzfristig vorgenommene Umstrukturierungen: Die Organisation befindet sich nach Irritationen und Ängsten in der Phase der Veränderung wieder relativ schnell in einem stabilen Zustand. Da Umstrukturierungen in kurzer Zeit beinahe an der Tagesordnung sind und Analysten wie Anteilseigner messbare Erfolge in überschaubaren Zeiträumen erwarten, kann der Wandel als Episode bezeichnet werden.

- Change Management als Reaktion:

  Die Change-Initiativen werden von vielschichtigen Faktoren ausgelöst, die eine Analyse und den Versuch, durch gezielten Wandel die gefundenen Schwachstellen zu beseitigen, nach sich ziehen. Die Anstöße für den Wandel kommen dabei von außen, die Organisation reagiert.

- Change Management top-down-initiiert:

  In Zeiten der Krise glaubt das Management, klare Signale setzen zu müssen und legt die Entwicklungsrichtung fest. Sie leiten einen ‚von oben' verordneten Wandel ein, der die Involvierung der Mitarbeiter nicht (mehr) zulässt.

- Change der Oberflächenstruktur:

  Die Organisationsstrukturen sind relativ einfach und schnell zu verändern. Nun sind diese Veränderungen aber nicht tiefgreifend, sondern nur oberflächlich (‚auf dem Papier') und die Auswirkungen gering. Der Begriff der „Oberflächenkosmetik" (Wüthrich et al. 2002, S. 50) beschreibt diesen Zustand treffend.

- Change im Sinne von Funktionsoptimierung:

  Der Wandel wird in Organisationen zunehmend als „Opimierungstool" (Wüthrich et al. 2002, S. 50) eingesetzt, um die Produktivität zu steigern oder Synergien gezielt zu nutzen.

Da Wandel allgegenwärtig ist, ist es wenig überraschend, dass Change-Programme mit diesen Merkmalen „nur begrenzte Wirksamkeit zeigen" (Wüthrich et al. 2002, S. 51).

In diesem Zusammenhang passt es, dass *Staehle* (1999) die verstärkte Forschung über Misslingen und Niedergang geplanter Veränderungen anspricht. Dies hat natürlich auch praktische Hintergründe, da Hemmnisse u.ä. zu identifizieren sind (vgl. Staehle 1999, S. 900). Dennoch ist das Risiko des Scheiterns von nachhaltigen Veränderungsprozessen vergleichsweise hoch (vgl. Schirmer 2000, S. 2 f.; vgl. auch Ridder et al. 2001, S. 175):

Es bleibt entsprechend der Ergebnisse aus Tab. 1 (s.o.) festzuhalten, dass nur rund die Hälfte der Unternehmen die Ziele, die mit einer Reorganisation verbunden waren, auch erreicht haben.
Interessenkonflikte innerhalb des Managements gefährden häufig den Erfolg von Restrukturierungsmaßnahmen (vgl. Schirmer 2000, S. 3), was den Schluss zulässt, dass das Ma-

nagement ein Ansatzpunkt sein muss, um den Erfolg solcher Maßnahmen nicht von vorneherein zu unterbinden.

Zudem kann davon ausgegangen werden, dass die Restrukturierungsmaßnahmen von nicht zu geringen Umsetzungsschwierigkeiten erschwert werden. In diesem Kontext ist die Implementierungsproblematik zu nennen, die als *„ein eigenständiger, kritischer Erfolgsfaktor* anzusehen" (Schirmer 2000, S. 3) ist (vgl. Schirmer 2000, S. 3).

Mit ihrer konzeptionellen Kritik am Organisationsentwicklungsansatz bringen Schreyögg/Noss (1995) und Steinmann/Schreyögg (2000) die Notwendigkeit eines veränderten Verständnisses von ‚Wandel' zum Ausdruck: Wandel muss als „Normalzustand einer modernen Organisation" (Steinmann/Schreyögg 2000, S. 462) begriffen werden (vgl. Steinmann/Schreyögg 2000, S. 462 und Schreyögg/Noss 1995, S. 176). Kritisiert werden v.a. vier wesentliche Punkte, die in erster Linie aus der zu engen und einseitigen Perspektive des OE-Ansatzes resultieren:

(1) Organisatorischer Wandel als Spezialistensache

Der OE-Ansatz sorgt in seiner Ausrichtung dafür, dass der Wandel in therapeutischer Manier nur von speziell ausgebildeten Personen durchgeführt werden kann, was fremde Hilfe in jedem Wandelfall impliziert. Die Distanz organisationsfremder Berater u.ä. ist allerdings bei der festgestellten Häufigkeit des Wandels inakzeptabel, die Verantwortlichen müssen im Zentrum des Veränderungsprozesses stehen (vgl. Steinmann/Schreyögg 2000, S. 460 und Schreyögg/Noss 1995, S. 174).

(2) Organisatorischer Wandel als stetiger und beherrschbarer Prozess

In der Annahme eines kontinuierlichen und bezüglich des Zeitraumes überschaubaren Wandels ist der OE-Ansatz weit von der organisationalen Realität entfernt und zeigt somit seine Hilflosigkeit gegenüber revolutionärem Wandel (für den die OE auch nicht konzipiert ist; Anm. d. A.: vgl. Staehle 1999, S. 900). Hinsichtlich der Beherrschbarkeit des Wandels wird das ‚Wandelproblem' verharmlosend an Lösungsstrukturen angepasst, was de facto keine Lösung des Problems bedeutet (vgl. Schreyögg/Noss 1995, S. 174-175 und Steinmann/Schreyögg 2000, S. 461-462).

(3) Organisatorischer Wandel als fest umschriebenes Problem

Die Vorstellung eines klaren Anfangs und Endes des Wandelproblems ist aufgrund der vielen sich überlagernden Probleme utopisch. So ist eher an einen fortlaufenden Problemlöseprozess zu denken, der sich aus der Komplexität und Unsicherheit der Steuerungssituation von Organisationen ergibt (vgl. Schreyögg/Noss 1995, S. 175).

(4) Organisatorischer Wandel als Sonderfall (‚Episode' s.o.)

Dies betrifft das schon angesprochene Grundverständnis des Wandels, der im OE-Ansatz als Ausnahme behandelt wird und damit stete Stabilität unterstellt, in Wirklichkeit der Wandel aber als Normalfall angesehen werden muss: „Unternehmen sind heute mit vielfältigen Wandelerfordernissen konfrontiert, die sich in der Summe zu der Notwendigkeit einer **kontinuierlichen** Wandelbereitschaft konkretisieren." (Steinmann/Schreyögg 2000, S. 462). Das Konzept der Lernenden Organisation bzw. die Theorie des organisationalen Lernens scheinen aussichtsreiche Kandidaten für eine geforderte erweiterte Konzeption zu sein, da Wandel als fortdauernder Lernprozess verstanden wird (vgl. Schreyögg/Noss 1995, S. 175-176 und Steinmann/Schreyögg 2000, S. 462).

3. Verschiedene Konzeptionen der Lernenden Organisation

In diesem Kapitel sollen die Grundpfeiler der Konzeptionen der sogenannten „Lernenden Organisation“ vorgestellt werden, als Beispiel für diese dient der Ansatz von *Senge* (1996; i. Orig. 1990). Auch die Theorien organisationalen Lernens finden hier – gerade im Bereich der ausführlich behandelten Lerntheorien – ihren Ursprung.

Dieses Konstrukt scheint sich in den letzten Jahren immer mehr zur (scheinbaren) Ziel- und Wunschvorstellung der Ausgestaltung und Arbeitsweise von Organisationen zu entwickeln – ein Index könnte die Vielzahl an Veröffentlichungen zu diesem Thema sein – , um sich in sich rasant entwickelnden Märkten behaupten zu können und notwendige Veränderungen schneller und effizienter zu ermöglichen (vgl. z.B. Pieler 2003, S. 1).
Zu dieser Einschätzung passt die Aussage *Wahrens* (1996, S. 3): „Das lernende Unternehmen wird, wie viele meinen, zum *organisatorischen Ideal* am Ende dieses Jahrtausends“ (meine Hervorhebung). So werden verschiedene zahlreiche Bestrebungen aus der Wissenschaft, der Wirtschaft und dem staatlichen Bereich angeführt, um diesen Sachverhalt zu untermauern (vgl. Wahren 1996, S. 1 ff.).

Um die Konzeptionen der Lernenden Organisation besser verstehen zu können, ist es meines Erachtens notwendig, auf den Begriff der Organisation (siehe 3.1.) auf der einen und auf die lerntheoretischen Voraussetzungen (siehe 3.2.) auf der anderen Seite (die ‚Grundpfeiler') einzugehen, bevor die als Beispiel vorzustellende Konzeption von *Senge* beleuchtet wird. Diese beiden Aspekte sollen demnach in der allgemeinen Vorstellung der Konzeptionen der Lernenden Organisation und dem genannten Beispiel gewissermaßen zusammengeführt werden (siehe 3.4. bis 3.6.), sie dienen als Fundament dieses Konstruktes. Da das Lernen u.a. Wissen erzeugt, das die Organisation für ihre weiteren Handlungen nutzt, wird der relevante Teil des Bereiches ‚Wissen' in Punkt 3.3. inklusive des Modells der organisationalen Wissensbasis nach *Pautzke* (1989) vorgestellt. Auch die kritischen Stimmen zu dem Gedanken einer Lernenden Organisation sollen mit in diese Arbeit einfließen (siehe 3.7.), um mögliche Problemfelder und Unwägbarkeiten aufzuzeigen.

3.1. Die Organisation

Auf dem Weg zur Klärung der Konzeptionen der Lernenden Organisation soll zunächst der Begriff der Organisation näher betrachtet werden: Über die Entstehung von Organisationen, die naturgemäß mit der gewählten Art der Definition von Organisationen nach *Kieser/Kubicek* korrespondiert, soll der Organisationsbegriff hinsichtlich des Verständnisses von Organisation, der Organisationsziele und -teilnehmer eingegrenzt werden und die meines Erachtens nach für die „Lernende Organisation" relevanten Organisationstheorien kurz beleuchtet werden.

Organisationen sind in modernen Industriegesellschaften im Rahmen der zahlreichen Veränderungen technischer, politischer oder sozialer Art entstanden und haben im Zuge der zunehmenden Industrialisierung immer größere Bedeutung erlangt. Die Befriedigung von Bedürfnissen aus dem gesellschaftlichen, sozialen oder individuellen Bereich ist Hauptaufgabe und Existenzberechtigung von Organisationen zugleich. Sie sind dabei als Zusammenschluss mehrerer Individuen aus Gründen der Wirtschaftlichkeit und Effizienz zu bezeichnen (vgl. Staehle 1999, S. 415) und in zahlreichen Ausprägungen (Organisationstypen) in der heutigen Gesellschaft zu finden. Als Beispiele seien hier die Unternehmung oder als „Gegensatz" die sogenannte Non-Profit-Organisation genannt, womit die Vielschichtigkeit von Organisationen deutlich werden sollte.

3.1.1. Die Entstehung von Organisationen

Ein kurzer historischer Abriss zur Entstehung von Organisationen soll ihre Funktionen in der heutigen Gesellschaft verdeutlichen: Organisationen nach der noch zu erläuternden Definition der Organisation als Ressourcenpool (siehe 3.1.2.) gibt es in umfangreicherer Form erst seit etwa 200 Jahren, in früheren archaischen Kulturen waren zwar hierarchische Strukturen erkennbar, doch waren diese meist verwandtschaftlich begründet. Auch im Mittelalter waren weder die Zünfte noch die Herrenhöfe als Organisationen zu sehen, da das Einbringen der Ressourcen unter Zwang geschah und diese „Produktionsstätten" das Leben ihrer Mitglieder diktierten. Handelskaufleute schlossen sich schließlich zu Gesellschaften zusammen, die dem Prinzip der heutigen Organisationen nahe kommen, die gewerbliche Produktion verlief jedoch erst mit dem Aufkommen der Manufakturen und Verlage im 18. Jahrhundert in organisationalen Bahnen. Dieses recht späte Auftreten von

Organisationen im gewerblichen Bereich ist mit zahlreichen Faktoren verbunden: mangelnde ökonomische Kenntnisse bei den Handwerkern, unzureichende Marktmechanismen, ein fehlender Arbeits- und Kapitalmarkt oder die unzulängliche Rechtssprechung – besonders auf ökonomischem Gebiet – sind Voraussetzungen, die nicht gegeben waren. Hier zeigen sich die Vorteile der Organisation gegenüber ihren institutionellen Vorläufern: „ihre höhere Flexibilität und ihre höhere ökonomische Effizienz“ (Kieser/Kubicek 1992, S. 4) sind die Erfolgsgaranten für diesen Typus (vgl. Kieser/Kubicek 1992, S. 2 f.).

3.1.2. Verständnis und Abgrenzung des Organisationsbegriffs

Der Begriff der Organisation lässt sich im Bereich der BWL hauptsächlich in zwei Bedeutungskategorien einordnen: zum einen versteht man unter *Organisation* eine bestimmte Ordnung bzw. Regelungen für den betrieblichen Ablauf (1) und zum anderen das „System an sich“, die Institution (2), wie beispielsweise eine Unternehmung.

(1) Die *instrumentelle Sichtweise von Organisation* (vgl. Ringlstetter 1997, S. 13 f.) als „Gesamtheit der Regelungen in einem System“ (Eisenführ 2000, S. 73) soll hier nur kurz erläutert werden, da das *institutionelle Verständnis von Organisation* (vgl. Ringlstetter 1997, S. 14) für die weitere Arbeit ausschlaggebend ist. Neben der Gesamtheit der Regelungen zählt auch der „Prozeß der Entwicklung dieser Ordnung aller betrieblichen Tätigkeiten“ (Wöhe 2002, S. 142) zu diesem Verständnis von *Organisation.* Ein weiter gefasster Ansatz bezieht die Planung und sogar die an der Gestaltung Beteiligten mit ein, was allerdings die Gleichsetzung von Betriebsorganisation und Betrieb zur Folge hat (vgl. Wöhe 2002, S. 142 f.).

Es geht hierbei also um die komplette betriebliche Tätigkeit, die die betrieblichen Unter- und Hauptfunktionen wie z.B. Werbung oder Absatz sowie die Querfunktionen wie beispielsweise das Personalwesen umfasst (vgl. Wöhe 2002, S. 143).

In der Regel wird eine Trennung zwischen der *Aufbauorganisation* und der *Ablauforganisation* durchgeführt. Die *Aufbauorganisation* stellt die organisatorische Struktur, die sich aus den organisatorischen Grundelementen Stelle, Instanz und Abteilung ergibt, dar, während es sich bei der *Ablauforganisation* um die Regelung der Arbeitsprozesse handelt (vgl. Wöhe 2002, S. 143; vgl. Eisenführ 2000, S. 73; vgl. auch Ringlstetter 1997, S. 13 f.).

Beide, *Aufbauorganisation* wie auch *Ablauforganisation*, bilden zusammen die formelle Organisationsstruktur eines Betriebes, die bewusst vorgegeben ist. Daneben bildet sich auch eine unbewusste, informelle Organisationsstruktur aus, die aus dem sozialen Miteinander und menschlichen Eigenarten entsteht und ihren Niederschlag oftmals im Betriebsklima findet. Deshalb ist es wichtig, durch positives Einwirken auf Bereiche der informellen Organisationsstruktur die bewusste Struktur zu fördern, denn auch das Gegenteil kann der Fall sein und die entstehenden Konflikte wirken sich hemmend aus (vgl. Wöhe 2002, S. 145 f.).

(2) Die Organisation als Institution soll hier Gegenstand der weiteren Betrachtung sein, infolge dessen die *Lernende Organisation* als mögliches Ziel einer Organisation – es gilt noch zu klären, was dieses Konzept ist und inwieweit eine Organisation zu lernen im Stande ist oder sein kann – dargestellt werden soll.

Eine Organisation ist ein Ressourcenpool, denn mehrere Individuen bringen Teile ihrer Ressourcen in diese Institution ein, z. B. Geld, die Arbeitskraft oder gewisse Rechte und ordnen diese einer zentralen „Verwaltung" und gemeinsamen Zielvorstellungen verschiedener Art unter. Diese Beiträge werden freiwillig geleistet und können der Organisation jederzeit wieder entzogen werden. Da die Individuen meist nicht alle ihre Ressourcen in eine Organisation einbringen, besteht die Möglichkeit, dass diese Individuen Mitglieder in mehreren Organisationen sind. Diese Definition der *Organisation als Ressourcenpool* beinhaltet „die beiden Basisprobleme der Gestaltung – das Koordinationsproblem und das Verteilungsproblem (...)" (Kieser/Kubicek 1992, S. 2). Dabei geht es zum einen um die Frage der Entscheidungsgewalt und -befugnisse im und für die Organisation und zum anderen um die Verteilung der Erträge der Organisation auf ihre Mitglieder. Des weiteren koordiniert die *Organisation* ebenso wie der *Markt* die Möglichkeiten und Aktivitäten der Individuen (vgl. Kieser/Kubicek 1992, S. 1 ff.).

Als Merkmale einer Organisation sehen Kieser/Kubicek (1992, S. 4; Kursiv im Original) folgende definitorischen Kriterien an: Organisationen sind „soziale Gebilde, die dauerhaft ein Ziel verfolgen und eine formale Struktur aufweisen, mit deren Hilfe Aktivitäten der Mitglieder auf das verfolgte Ziel ausgerichtet werden sollen".

Staehle bietet folgende Merkmalsbeschreibung von Organisationen nach *Porter/Lawler/Hackman* (1975) an, die sich in den wesentlichen Aspekten wie beispielsweise der Zielgerichtetheit gleichen:

- „Organisationen sind aus Individuen und Gruppen zusammengesetzt,
- streben nach der Erreichung bestimmter Ziele oder Zwecke,
- und zwar mittels fnktionaler [sic!] Differenzierung und rationaler Koordination und Führung, und
- sind auf Dauer angelegt.“ (Staehle 1999, S. 415-416; vgl. Porter/Lawler/Hackman 1975, S. 68-71 und S. 99 f., die Erläuterungen der einzelnen Merkmale von S. 71-98).

Die Zielgerichtetheit dieser ‚sozialen Gebilde', die verschiedene Gruppierungen als ihre angebbaren Mitglieder vereinen, ist in fast allen Definitionen der Organisation zu finden. Dabei wird die Dauerhaftigkeit der angestrebten Ziele, die die Beteiligten verfolgen, betont und ein solcher zweckbezogener Zusammenschluss als Organisation angesehen (vgl. Kieser/Kubicek 1992, S. 5).

Im systemtheoretischen Zusammenhang werden die „sozialen Gebilde“ auch als „offene soziotechnische Systeme“ (Staehle 1999, S. 416) bezeichnet, die durch innerorganisationale Subsysteme (operating systems) und ein übergeordnetes, zur Interaktion mit der Umwelt befähigtes Management-System (managing system) den für das organisationale Überleben nötigen primären Organisationszweck, den Prozess der Transformation (die Aufnahme der Ressourcen, die Umwandlung und die Abgabe des Produktionsergebnisses an die Umwelt) steuern (vgl. Staehle 1999, S. 416 ff.).

3.1.3. Ziele der Organisation

Da das Ziel bzw. die Zielgerichtetheit ein wesentliches Merkmal von Organisationen darstellt und nach der Definition von *Kieser/ Kubicek* die „Aktivitäten der Organisationsmitglieder mit Hilfe der Organisationsstruktur auf die Erreichung eben dieses Organisationsziels ausgerichtet werden sollen“ (Kieser/Kubicek 1992, S. 5), kann das Ziel der Organisation als „*Mittel der Verhaltenssteuerung im Hinblick auf das Organisationsziel*“ (Kieser/Kubicek 1992, S. 5) angesehen werden. Das Ziel ist somit das „Verhaltensfundament“

der Organisation und die Struktur sorgt für die Übersetzung in entsprechende Verhaltenserwartungen (vgl. Kieser/Kubicek 1992, S. 5).

Ausgehen muss man bei der Betrachtung der Organisationsziele von den individuellen Zielen der Organisationsteilnehmer, die zum einen persönliche Ziele bezüglich dessen haben, was sie für sich durch die Organisation erreichen wollen und zum anderen Ziele definieren, die die Organisation erreichen soll, Ziele für die Organisation eben (vgl. Kieser/Kubicek 1992, S. 5 f.).
Diese beiden unterschiedlichen Arten von Zielen, die „Individualziele der Organisationsteilnehmer" (Staehle 1999, S. 439) und die „Ziele der Organisationsteilnehmer für die Organisation" (Staehle 1999, S. 439) können als Vorstufe der eigentlichen „Ziele der Organisation" (Staehle 1999, S. 439) bezeichnet werden, denn ausgehend von den individuellen Zielen, die dem Management einer Organisation in Form einer Forderung vorgelegt und damit zu Zielen für die Organisation werden, entstehen die Ziele der Organisation durch die verbindliche Festlegung dieser Forderungen durch autorisierte Führungskräfte (vgl. Staehle 1999, S. 439). „*Erst wenn Zielvorstellungen von Mitgliedern in einem formalen, legitimierten Prozeß als Ziele der Organisation deklariert werden, kann man von Zielen der Organisation sprechen*, die durch diesen Prozeß offiziellen Charakter erhalten." (Kieser/Kubicek 1992, S. 5).
Die Transformation der Individualziele und der Ziele für die Organisation in Organisationsziele stellen dabei zumeist Kompromisse dar, da die ursprünglich geäußerten Ziele nicht genau mit dem getroffenen Organisationsziel übereinstimmen (können). In der Organisation werden im Normalfall mehrere Ziele benötigt, um den gesamten Organisationsbereich bzw. verschiedene Ziele bezüglich der Leistungsparameter einer Organisation abzudecken. Deshalb sprechen *Kieser/Kubicek* (1992, S. 7) von einem „Zielbündel der Organisation" und nicht von einem Ziel derselben (vgl. Kieser/Kubicek 1992, S. 6 f.).

Die Möglichkeiten der Mitwirkung der Organisationsteilnehmer im eben dargestellten Sinne sind naturgemäß in unterschiedlichem Maße gegeben und können unter Umständen auch über Repräsentanten von Betriebsräten, Gewerkschaften o.ä. erfolgen. In Organisationsverfassungen und Satzungen sind i.d.R. die Einflussmöglichkeiten auf den Prozess der Zielbildung in der Organisation festgelegt (vgl. Kieser/Kubicek 1992, S. 6). Allerdings nennt *Staehle* (1999, S. 440) – ausgehend von einer Unternehmung im Kapitalismus – die „Annahme einer Unternehmenszielbildung aus den Individualzielen von Organisationsteilnehmern völlig realitätsfremd", da das primäre Unternehmensziel die Gewinnerzielung sei und nur gewisse Spielräume hinsichtlich von Sachzielen bestünden (vgl. Staehle 1999, S. 439).

Somit lässt sich folgende Beschreibung der Ziele einer Organisation aus dem bisher Gesagten ableiten:

Organisationsziele sind im Rahmen eines formalen Prozesses entstandene, als solche deklarierte und damit offizielle Ziele einer Organisation, die dauerhaft gelten. Sie stellen oftmals Kompromisse von mehreren, teilweise voneinander abweichenden Zielvorstellungen dar. Die Organisationsziele sind zugleich ein Mittel zur Verhaltenssteuerung der Organisationsmitglieder.

3.1.4. Organisationsteilnehmer

Für die Bestimmung der Organisationsmitglieder ist es zunächst erforderlich, die Grenzen zwischen der Organisation und ihrer Umwelt zu betrachten. Allerdings erscheint dies nur auf den ersten Blick als leichte Aufgabe. Wenn die Organisation als offenes soziotechnisches System (siehe 3.1.2.) gesehen wird, fällt alleine die Grenzziehung schwer, da man die organisationalen Grenzen nicht ohne weiteres abstecken und eine klare Trennung von der Umwelt vornehmen kann – wie das Wort „offen" zum Ausdruck bringt. So bleibt festzuhalten, dass die Organisationsmitglieder nicht pauschal und allgemeingültig benannt werden können (vgl. Staehle 1999, S. 426).

Die Soziologin *Mayntz* (1963, S. 46) nennt mehrere Kriterien für eine Mitgliedschaft in einer Organisation, die im wesentlichen im individuellen und sozialen Kontext beheimatet sind, von der Ausgestaltung der Organisation aber weitgehend unabhängig zu sein scheinen:

- „die formelle Mitgliedschaft;
- das subjektive Zugehörigkeitsgefühl bzw.
- die Selbstidentifizierung als Mitglied;
- die Häufigkeit der Interaktionen mit anderen Mitgliedern;
- der Grad der Abhängigkeit von der Organisation;
- das Maß der persönlichen Bindung an die Organisation und
- der Umfang der Tätigkeit für die Organisation."

Kieser/Kubicek betonen zunächst die soziale Einbindung bzw. Integration der Mitglieder als Voraussetzung für das Vorhandensein einer Organisation. Diese Verbundenheit soll zumeist von Dauer sein, was die integrativen Aspekte der Mitgliedschaft verdeutlichen. In den verschiedenen Organisationsformen mit ihren unterschiedlichen Interessen und Zielen unterscheiden sich die Arten der Einbindung erheblich (vgl. Kieser/Kubicek 1992, S. 11 f.). Auf die verschiedenen Arten der Einbindung und deren Klassifikationen soll hier aber nicht weiter eingegangen werden.

Da in dieser Arbeit Organisationen aus der Wirtschaft im Hauptaugenmerk der Betrachtung stehen, eignet sich das folgende Kriterium „Mitgliedschaft durch Verträge" nach Kieser/Kubicek (1992, S. 13 ff.), um die Mitgliedschaft in Organisationen zu umreißen. „Umreißen" m. E. lediglich deshalb, weil dadurch das Mitgliedschaftsverständnis sehr weit gefasst ist und aufgrund der Handelsverflechtungen organisationenübergreifend wirksam wird.
Kieser/Kubicek unterscheiden bei der Beschreibung der vertraglichen Mitgliedschaft explizite und implizite Mitgliedschaftsbedingungen, wobei die impliziten Bedingungen keineswegs auf Verträge beschränkt sind – sie finden sich in den kulturellen, stillschweigend vermittelten Werten der Organisation wieder.

Die expliziten Mitgliedschaftsbedingungen werden dabei als vertragliche und somit juristische Beziehungen zwischen Individuen und Organisationen (vertreten durch Individuen), die die Handlungen der Individuen, nicht aber die ganze Person zum Gegenstand haben, verstanden. Im Zusammenhang mit solchen Verträgen wird zur näheren Bestimmung der Mitgliedschaft deren Intensität gebraucht, die bei einem direkt in der Organisation angestellten Mitarbeiter höher bzw. das Verhältnis intensiver sein dürfte, als dies bei einem Zulieferer der Fall ist.

Die impliziten Mitgliedschaftsbedingungen sind, wie bereits erwähnt, Erwartungen der Organisation wie auch des Organisationsmitglieds, die aus dem kulturellen Verständnis der Organisation und der kulturellen Sozialisation des Mitglieds entstanden sind und nicht explizit gemacht wurden. Sie stellen eine als selbstverständlich vorausgesetzte, stillschweigende Vereinbarung zwischen dem Individuum und der Organisation dar.
Somit werden juristische (explizite) als auch soziologische (implizite) Bedingungen verknüpft, um die Mitgliedschaft in einer Organisation zu bestimmen (vgl. Kieser/Kubicek 1992, S. 13 ff.)

Abgeleitet aus den obigen Ausführungen ergibt sich für mich folgende kurze Charakteristik der Mitgliedschaft in Organisationen:

Organisationsmitglieder sind Individuen, die auf unterschiedliche Art und Weise vertraglich mit einer Organisation verbunden sind. Der Grad des persönlichen Zugehörigkeitsgefühls und der Intensität der Mitgliedschaft ergibt sich dabei aus der Enge der Beziehung zwischen Individuum und Organisation.

3.1.5. Überblick über die relevanten Organisationstheorien

An dieser Stelle sollen aus dem weiten Feld der Organisationstheorien die für die Ansätze einer Lernenden Organisation relevanten Theorien identifiziert und dargeboten werden, was sich aufgrund der Menge der Theorien zum einen und der inhaltlichen Verknüpfungen zum anderen zunächst als schwierig erweist. Hilfreich ist in diesem Falle die Übersicht der (wichtigsten) Ansätze der Organisationstheorie von *Schreyögg* (1996, S. 30 f.; In Anlehnung an die 3-Phasen-Gliederung von Scott 1961, S. 9-22: „The Classical Doctrine", S.9-10, „Neoclassical Theory of Organization", S. 10-15, und „Modern Organization Theory" S. 15-22), die in Klassische, Neoklassische und Moderne Ansätze unterteilt:

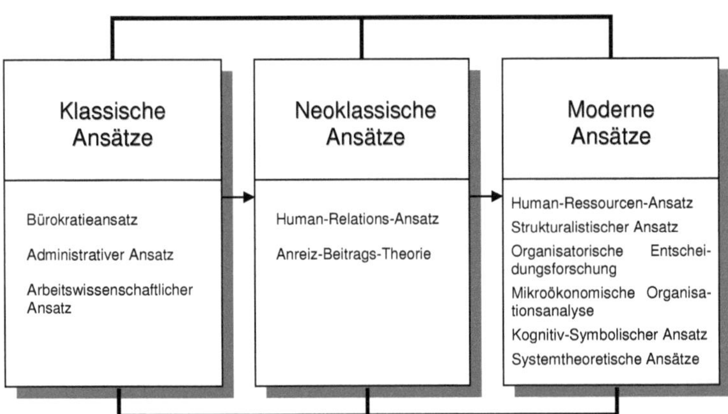

Abb. 5: Entwicklungslinien und Ansätze der Organisationstheorie
(Quelle: Schreyögg 1996, S. 31)

Während die Klassische Organisationstheorie als weitgehend geschlossen hinsichtlich des Denkansatzes bezeichnet werden kann, ist dies bei der Modernen Organisationstheorie nicht der Fall. Sie ist eher ein zeitlich-historisch geprägter Sammelbegriff für verschiedenste Ansätze, deren Entwicklung nach dem 2. Weltkrieg einzuordnen ist (vgl. Schreyögg 1996, S. 30).

(1) Die Klassische Organisationstheorie

Die Klassische Organisationstheorie und ihre Ansätze stellt das „System", die Organisation in den Fokus der Betrachtungen. Regeln, genaue Festlegungen ohne jeglichen Spielraum und Kontrolle bestimmen die Klassischen Theorien. Die Organisationen selbst sind starre Gebilde, die genauestens durchdacht und geplant sind und sind deshalb auf eine ebenso starre (System-)Umwelt angewiesen. Dies lässt schon erahnen, dass der Blick dabei nach innen gerichtet ist, „es geht um die Optimierung der inneren Strukturen eines Systems." (Schreyögg 1996, S. 42). Dem Mensch wird wenig Beachtung geschenkt, er wird bestenfalls als bloßer Produktionsfaktor gesehen – Beziehungen innerhalb der Organisation sind durch Befehl und Gehorsam gekennzeichnet. Die Einbeziehung des Menschen als Individuum mit seinen menschlichen Eigenschaften und Gefühlen erscheint undenkbar: „Motivation, Gruppenbeziehungen, ja überhaupt alle emotionsgetönten Haltungen sind für den Leistungserfolg nicht nur irrelevant, sondern potentielle Störfaktoren, die es dem System fernzuhalten gilt." (Schreyögg 1996, S. 42).
Dies sind Merkmale der Klassischen Organisationstheorie, die in allen (in Abb. 5 gezeigten) Ansätzen mal mehr, mal weniger stark ausgeprägt zu finden sind (vgl. Schreyögg 1996, S. 31 ff.).

Für die Verwertbarkeit als grundlegende Organisationstheorie für eine Konzeption der Lernenden Organisation bedeutet dies folgendes: aufgrund des dargebotenen Menschenbildes und der mangelnden bis nicht vorhandenen Einbindung des Menschen (als Individuum) in die Organisation können Lernprozesse, wie sie in einer Lernenden Organisation stattfinden sollen, nahezu ausgeschlossen werden. Daneben verhindern die Unflexibilität und Starrheit der geschlossenen Systeme und die damit verbundene Angewiesenheit auf stabile Umwelten jedwede Veränderung und Anpassung. Die Klassische Organisationstheorie eignet sich somit nicht als theoretische Basis und wird nicht weiter betrachtet.

(2) Die Neoklassische Organisationstheorie

Im Gegensatz zu der Klassischen konzentriert sich die Neoklassische Organisationstheorie ganz allgemein gesprochen auf theoretischer Ebene auf den Menschen, die sozialen Beziehungen und das Arbeitsumfeld innerhalb der Organisation (vgl. Schreyögg 1996, S. 43 ff.).

In der Praxis hingegen war schon während der Industrialisierung bekannt, welch produktivitätssteigernden Wirkungen die Berücksichtigung und Erzeugung von menschlichen Beziehungen haben können, durch die Hawthorne-Experimente wurde diese Tatsache im Rahmen des Human-Relations-Ansatzes lediglich wissenschaftlich legitimiert. (zur Entstehung des Human-Relations-Ansatzes, dessen Einordnung und kritische Würdigung vgl. Kieser 1999, S. 101 ff.)

In jedem Falle wird der Mensch und seine Bedeutung für die Organisation in einem anderen Lichte gesehen: „Das, was man jahrzehntelang als unberechenbare Störfaktoren ansah, die Emotionalität, wurde plötzlich zum entscheidenden Produktivitätsfaktor erklärt." (Schreyögg 1996, S. 44). Allerdings werden dabei die strukturellen Organisationselemente im Zuge der mikroperspektivischen Betrachtungsweise vernachlässigt, „ohne die unvermeidlichen Widersprüche aufzudecken oder gar zu reflektieren." (Schreyögg 1996, S. 47). Dies ist der Ansatzpunkt des Human-Ressourcen-Ansatzes (vgl. Schreyögg 1996, S. 43 ff.), auf dessen theoretischen Hintergrund bei der Betrachtung der Modernen Organisationstheorie (s.u.) eingegangen wird.

Bei der Neoklassischen Organisationstheorie ist es das erste Mal der Fall, dass über die Organisationsgrenzen hinweg argumentiert und die Umwelt als Problem thematisiert wird. Demzufolge wird die Sichtweise der Organisation als geschlossenes System (im Sinne der Klassischen Organisationstheorie) zugunsten eines kooperativen Systems aufgegeben, wobei das Engagement und die Kooperationsbereitschaft der Mitglieder mitentscheidend für die weitere Existenz der Organisation sind. Aus diesem Gedanken entspringt schließlich auch die Koalitionstheorie, die später aber in der ursprünglichen Form nicht aufrechterhalten werden konnte, da die unterschiedlichen Machtverhältnisse der Koalitionspartner in der Organisation nicht ausreichend Berücksichtigung fanden (vgl. Schreyögg 1996, S. 47 ff.).

Mit Unterzeichnen des Arbeitsvertrages akzeptiert der Mitarbeiter die Autorität oder Herrschaft des Vorgesetzten – und schränkt damit seine eigene Entscheidungsfähigkeit ein. Die Kommunikationsprozesse verlaufen in alle Richtungen, die Informationen sind jeweils empfängerspezifisch. Dabei „fließen allen Mitgliedern ausgewählte Informationen zu, die ihren Horizont und ihre Verhaltensmöglichkeiten einengen und ihr arbeitsteiliges Handeln koordinieren.“ (Berger/Bernhard-Mehlich 1999, S. 144). Die Befehlskette kennt nur eine Richtung: von oben nach unten, umgekehrt sind nur statistische u.ä. Informationen gefordert. Ein „evolutionäres“ Lernen soll sich aus der „schrittweisen Anpassung der Ziele, der Aufmerksamkeitsregeln (gegenüber der Umwelt) und der Suchregeln an die organisatorischen Erfahrungen“ (Berger/Bernhard-Mehlich 1999, S. 147) ergeben (vgl. Berger/Bernhard-Mehlich 1999, S. 138 ff.).

Scott (1986) ordnet die vorgestellten Ansätze der Neoklassischen Organisationstheorie in seiner Übersicht den Organisationsmodellen Typ II, den natürlichen Systemen, zu (zum Verständnis natürlicher Systeme: vgl. Scott 1986, S. 119 ff. und 182 ff.). Diese zählt er zu den geschlossenen System-Modellen (vgl. Scott 1986, S. 181 ff. und zusammenfassend S. 182, Tabelle 6-1), was die eben angeführten „Verbesserungen“ wieder etwas relativiert und zu folgender Einschätzung bezüglich der Verwendungsfähigkeit für die Lernende Organisation führt:

Insgesamt gesehen ist zwar eine deutliche Hinwendung zu verhaltenswissenschaftlichen Fragen der Organisation festzustellen, doch sind auch diese Vorstellungen – sowohl über die Rolle des Menschen als auch über die strukturellen Faktoren der Organisation und deren Einbindung in die Umwelt – noch nicht ausreichend ausgeprägt. Es ist somit nach wie vor eine gewisse Starrheit des Systems „Organisation“ zu bemerken, die als fundamentale Grundlage der Lernenden Organisation nicht geeignet zu sein scheint und somit von einer weiterführenden Betrachtung abgesehen werden kann.

(3) Die Moderne Organisationstheorie

Die Moderne Organisationstheorie präsentiert sich als „stark ausdifferenzierte Disziplin“ (Schreyögg 1996, S. 52). Deshalb erscheint es im Hinblick auf die Suche nach der organisationstheoretischen Basis der Lernenden Organisation wenig sinnvoll, alle in Abb. 5 enthaltenen Ansätze vorzustellen. Ich werde mich darum auf die m.E. grundlegenden, die relevanten Ansätze der Modernen Organisationstheorie beschränken.

(a) Der Human-Ressourcen-Ansatz

Der Human-Ressourcen-Ansatz ist eine wesentliche Weiterentwicklung des Human-Relations-Ansatzes, denn jetzt werden die formalen Elemente der Organisationsgestaltung in die Überlegungen miteinbezogen: es geht „um eine motivationsorientierte Neugestaltung organisatorischer Strukturen und Prozesse“ (Schreyögg 1996, S. 52), also eine Entwicklung neuer Modelle, die zum einen den Bedürfnissen der Individuen besser angepasst sind und zum anderen deren ökonomischere Nutzung zulassen, kurz gesagt, „einen besseren Zusammenklang von individueller Bedürfnisbefriedigung und ökonomischer Zielerreichung ermöglichen“ (Schreyögg 1996, S. 53). Auf motivationstheoretischer Basis soll die Selbstverwirklichung des Menschen im Sinne eines humanistischen Menschenbildes gefördert werden. Dementsprechend müssen die Organisationsstrukturen beschaffen sein, die (in der Praxis unrealistische; S.L., siehe auch 3.1.3.) Idee der Erreichung der Individualziele mit gleichzeitiger und daraus resultierender Realisierung der Organisationsziele soll das angestrebte humane und zugleich effektive Modell leisten können. Ziele der Reformierung der organisationalen Strukturen sind:

- mehr Entfaltungsmöglichkeiten für die Mitarbeiter
- Entscheidungspartizipation
- Vertrauen statt Furcht in zwischenmenschlichen Beziehungen
- Vielseitige Informationswege
- Integration der (Arbeits-)Gruppe als organisatorisches Element
- Substitution der Fremdkontrolle durch weitgehende Selbstkontrolle

Als eine spezielle Richtung dieses Ansatzes kann die Organisationsentwicklung gesehen werden, da aufgrund von Problemen bei der Implementierung der Human-Ressourcen-Programme (geplanter organisationaler Wandel) Methoden entwickelt wurden, um die Skepsis vor dem Neuen zu nehmen. Wichtig ist in diesem Zusammenhang die Bedeutung der „Veränderung des individuellen Verhaltens und der individuellen Orientierungsmuster“ (Schreyögg 1996, S. 54), die (vor allem aus psychologischer Sicht) als entscheidende Entwicklungsmotoren angesehen werden (vgl. Schreyögg 1996, S. 52 ff.).

(b) Systemtheoretische Ansätze

Die morphologischen und kybernetischen Ansätze sollen hier außer Acht gelassen werden, betrachtet werden die Merkmale funktionalistischer Ansätze und die der Theorie offener Systeme.

Der funktionalistische Ansatz fragt nach den Zwecken von Systemstrukturen und -prozessen vor dem Hintergrund der Erhaltungsbestrebungen der Organisation. Die Organisationsstruktur wird dabei als ein Beitrag zur Problemlösung (des Bestandsproblems)

gesehen, das die Komplexität der Umwelt auf verschiedene Bereiche innerhalb der Organisation heruntergebrochen und verteilt wird (vgl. Schreyögg 1996, S. 87 ff.):
„Durch Selektionsprozesse, die Ursachen und Wirkungen nach Maßgabe ihres Informationsgehaltes auswählen, ist ein System – immer natürlich mehr oder weniger – in der Lage, Umweltkomplexität zu reduzieren, das heißt sich zu erhalten, obwohl es die Umwelt weder ganz überblicken noch ganz beherrschen kann.“ (Luhmann 1977, S. 177).
Ohne diese Reduktionsleistungen im Umgang mit der als komplex und bestandskritisch charakterisierten Umwelt in Form eines kollektiven arbeitsteiligen Leistungsprozesses wäre folglich das Überleben der Organisation nicht möglich. Dies erfordert die „Schaffung einer komplexen Binnenstruktur“ (Schreyögg 1996, S. 89), eine „höhere Ordnung mit weniger Möglichkeiten“ (Luhmann 1977, S. 176) zur besseren Bearbeitung der vielfältigen Umwelteinflüsse, wobei das „grenzerhaltende (identitätsstiftende) Komplexitätsgefälle zwischen System und Umwelt“ (Schreyögg 1996, S. 89) erhalten bleiben muss.
Solch eine Binnenstruktur kann sich in der (verbreiteten) Bildung von Subsystemen niederschlagen, die jeweils innerhalb der Organisation auf bestimmte Funktionen des Systems spezialisiert sind. Es existieren zum Teil auch Subsysteme, die Schwankungen und Unsicherheiten aus der Systemumwelt abfangen oder abmildern und somit „(künstlich) stabilisierte Entscheidungssituationen“ (Schreyögg 1996, S. 89) herzustellen.
Die Reduktionsleistungen in der System-Umwelt-Problematik sind aufgrund der Veränderlichkeit der Bedingungen eine kontinuierlich auftretende Herausforderung für Organisationen und deren Erhaltungsbestrebungen und sind mit einer einmal gefundenen Reduktion nicht gelöst (vgl. zusammenfassend Schreyögg 1996, S. 87 ff.; zur System/Umwelt-Theorie vgl. Luhmann 1977, S. 171 ff.).

Die Theorie offener Systeme geht nicht nur von einer Adaptionsleistung des Systems aus, sondern unterstellt ein interaktionales System-Umwelt-Verhältnis, das sowohl den starken Einfluss der Umwelt auf die Organisation als auch die Gestaltungsmöglichkeiten der Organisation berücksichtigt. Die Annahme einer begrenzten Autonomie von Systemen gegenüber ihrer Umwelt ist damit verknüpft.
Die zunächst eingegangenen theoretischen Anleihen aus der Biologie (Homöostase) wurden von der Theorie grenzerhaltender Systeme abgelöst. Bezüglich der Grenzziehung wurde klar, dass soziale Systeme „keine physisch erfahrbaren Systemgrenzen“ (Schreyögg 1996, S. 90) besitzen und dass soziale Systeme die Grenzziehung und die Definition der Grenze in Form einer sozialen Konstruktion selbst erbringen. Dieser Grenzbildungsprozess ist die Schaffung von bestimmten Handlungsmustern im Zuge der oben beschrie-

benen Reduktionsleistungen der Organisation. Die so erzeugten Raster füllen Ereignisse mit Informationen, da sie die Lesbarkeit dieser Ereignisse ermöglichen. Dies wiederum hat zur Folge, dass das geschaffene Handlungsmuster als eine Art Weltbild allen Systemoperationen zu Grunde gelegt wird und diese sich damit stets auch auf sich selbst beziehen. Um die angestrebte Öffnung vollziehen zu können, muss sich das System somit erst schließen, um das grenzstiftende Sinnraster schaffen zu können.
An dieser Stelle knüpft die Autopoiesistheorie an, ebenfalls eine aus der Biologie entliehene Theorie, die die ständige Reproduzierung der Systemelemente durch die Elemente und deren Zerfall analog zur Zellbiologie thematisiert. Dadurch gerät die Konstitution von Systemelementen in den Fokus, die Grenzbildung und damit zusammenhängende Faktoren treten in den Hintergrund.
Diese „Theorie selbstreferentieller Systeme im Verein mit einer konstruktivistischen Perspektive" (Schreyögg 1996, S. 91) hat nach Einschätzung *Schreyöggs* (1996) mittlerweile den Charakter einer Grundlagentheorie (vgl. Schreyögg 1996, S. 90 f.).

Die organisationstheoretischen Grundlagen der Lernenden Organisation sind m.E. in der Modernen Organisationstheorie und dort in den eben ausgeführten Ansätzen zu suchen. Diese Einschätzung zeigt, dass in der Vorstellung einer Lernenden Organisation offenbar theorieübergreifende Merkmale zu finden sind. Sowohl der Human-Ressourcen-Ansatz als auch die systemtheoretischen Ansätze bieten meiner Ansicht nach einige Elemente für diese Form der Organisation. Die humane und zugleich effektive Modellvorstellung aus dem Human-Ressourcen-Ansatz wie auch die systemtheoretische Interaktion von System und Umwelt mit der Schaffung erfolgreicher Handlungsmuster können die Basis einer Lernenden Organisation darstellen.

Türk (2000, S. 7 ff.) unterscheidet in seinem Überblick über die Hauptwerke der Organisationstheorie im Vorfeld zwischen „Arbeiten zu speziellen Theorien" und „Arbeiten zu speziellen Themenbereichen". Im Themenbereich „Lernen" verortet er zum einen *Argyris/Schön* und zum anderen *Senge*, deren Konzeptionen der Lernenden Organisation später noch exemplarisch vorgestellt werden sollen (siehe 3.5.).

3.2. Die grundlegenden Lerntheorien

An dieser Stelle soll das theoretische Fundament für das Lernen in und von Organisation gelegt werden. Zunächst werden die Lerntheorien des individuellen Lernens dargestellt, die als Ausgangspunkt der später darzulegenden Theorien organisationalen Lernens dienen sollen. Um zu einem Lernen der (gesamten) Organisation zu gelangen, ist es notwendig, das soziale Lernen in die Überlegungen mit einzubeziehen. Die entsprechenden Lerntheorien werden im Anschluss an die individuellen erörtert.

Der Begriff des Lernens ist umgangssprachlich zumeist mit einer pädagogischen Situation, im Besonderen mit der Schule verknüpft. In der Psychologie ist der Begriff des Lernens sehr weit gefasst und schließt beispielsweise die Befähigung zu planvollem Handeln oder die Problemlösefähigkeit ein. Alle Lernprozesse besitzen dabei ein gemeinsames Merkmal: die Erfahrungsbildung (vgl. Edelmann 1996, S. 4 f.). Diese dürfte in den organisationalen Lernprozessen eine wichtige Rolle spielen, um neues Wissen zu produzieren. Dem Bereich des Wissens soll später noch kurze Beachtung geschenkt werden, denn „Lernen" und „Wissen" sind offensichtlich eng miteinander verknüpft, „da Lernen und Wissen zueinander in derselben Beziehung zu stehen scheinen wie ein Prozeß zu seinem Ergebnis" (Bower/Hilgard 1983, S. 17; zur Herangehensweise an das ‚Wesen' der Lerntheorie vgl. Bower/Hilgard 1983, S. 17-41). Diese Charakterisierung bringt die Verbindung von ‚Lernen' und ‚Wissen', die auch in einer Organisation ähnlich vorstellbar ist, treffend zum Ausdruck.

Edelmann (1996) trifft im Rahmen der bisherigen psychologischen Lernforschung folgende Einteilung der drei großen Richtungen in zeitlicher Reihenfolge:

- Die verhaltenstheoretische Psychologie
- Die Kognitive Psychologie
- Die handlungstheoretische Psychologie (vgl. Edelmann 1996, S. 7 ff.).

Diese drei Richtungen spielen in der folgenden Betrachtung eine große Rolle, im Hinblick auf das noch zu klärende organisationale Lernen wurde allerdings zwischen individuellem und sozialem Lernen unterschieden, worin sich die angesprochenen Richtungen wiederfinden lassen.

3.2.1. Lernen des Individuums

In der Literatur existieren eine Vielzahl an übersichtsartigen Darstellungen, die zum Teil von verschiedenen theoretischen Ausgangspunkten argumentieren (vgl. z.B. Bower/Hilgard 1983 oder Edelmann 1996; in der Organisationsliteratur: Staehle 1999). Analog zu *Wiegand* (1996) erscheint es sinnvoll, die vorliegenden Erkenntnisse der lerntheoretischen Forschung anhand einiger Spezifikationen einzuschränken:

- Lerntheorien, die ihren Ursprung in der Analyse des Lernverhaltens von Tieren haben, werden weniger Beachtung finden und
- Lerntheorien, die das Lernverhalten von Kindern analysieren, sollen aufgrund der großen Häufigkeit der Übereinstimmung von Lern- und Anwendungsort des Gelernten (oftmals im Gegensatz zu Managern und Organisationsmitgliedern) ebenfalls weniger Berücksichtigung finden. Außerdem befassen sich diese Lerntheorien häufig mit dem ersten Aufbau kognitiver Strukturen (vgl. Wiegand 1996, S. 341-342). Allerdings bezieht sich die Einschränkung hinsichtlich der Lernorte und der Orte der Anwendung nur auf die zu klärenden individuellen lerntheoretischen Voraussetzungen, da ansonsten die Vorstellung einer Lernenden Organisation als Ort des Lernens und der Umsetzung bzw. Anwendung des Gelernten für die Organisation nicht denkbar wäre und die gesamte Konzeption in Frage gestellt werden würde.

Aufgrund einer vielschichtigen Herangehensweise an die Lerntheorien und den Lernbegriff kommen *Bower/Hilgard* (1983) zu folgender Definition des Lernens:
„‹Lernen› bezieht sich auf die Veränderung im Verhalten oder im Verhaltenspotential eines Organismus hinsichtlich einer bestimmten Situation, die auf wiederholte Erfahrungen des Organismus in dieser Situation zurückgeht, vorausgesetzt, daß diese Verhaltensänderung nicht auf angeborene Reaktionstendenzen, Reifung, oder vorübergehende Zustände (wie etwa Müdigkeit, Trunkenheit, Triebzustände, usw.) zurückgeführt werden kann.“ (Bower/Hilgard 1983, S. 31).
Es handelt sich demnach

- um einen Prozess („Veränderung im Verhalten“),
- der länger andauernde Veränderungen (im Gegensatz zu vorübergehenden Zuständen) initiiert,
- die auf Erfahrungen (im Gegensatz zu angeborenen Reaktionstendenzen oder individueller Reifung) basieren.

Diese Definition dient als Charakterisierung des individuellen Lernens und umgibt die jetzt dargestellten Theorien individuellen Lernens (in theoretischer Form). Allerdings bemerkt *Steiner* (1992, Sp. 1264), dass diese Art der Definition „eher auf äußerlich beobachtbare Verhaltensweisen und motorische Fertigkeiten als auf höhere Lernprozesse wie etwa den Erwerb von begrifflichem oder Verfahrenswissen" bezogen ist.

3.2.1.1. Behavioristische Lerntheorien (Verhaltenstheorien)

Der Behaviorismus erforscht das „erfaßbare äußere Verhalten von Organismen" (Edelmann 1996, S. 7) und hat den Status einer objektiven Verhaltenslehre, die Voraussetzungen für eine effektive Verhaltenskontrolle und Einflussnahme schaffen soll. Bewusstseins- und Erlebensfaktoren sind aufgrund der Ablehnung der Methode der Selbstbeobachtung („Introspektion": vgl. Greschner 1996, S. 50) nicht Gegenstand der behavioristischen Forschung. Es werden in erster Linie die äußeren Bedingungen des Lernens, d.h. beispielsweise das Auslösen einer Reaktion durch einen vorgegebenen Reiz, untersucht. Das mechanistisch-deterministische Menschenbild ist Ausdruck der auf beobachtbare Reaktionen und Verhaltensweisen beschränkten Sichtweise des Behaviorismus (vgl. Edelmann 1996, S. 7 f.).

Bei den behavioristischen Reiz-Reaktions-Theorien werden Reaktionen (‚Response'), die als Veränderung im Verhalten charakterisiert werden können, beobachtet, die von (Umwelt-)Reizen (‚Stimuli') ausgelöst worden sind (vgl. z.B. Skinner 1973, S. 51 ff.).
Der ‚Lernende' wird dabei als sog. ‚Black Box' gesehen (vgl. Wiegand 1996, S. 342 und Greschner 1996, S. 51), d.h., dass die inneren, beispielsweise kognitiven oder motivationalen Vorgänge des ‚Lernenden' aufgrund der nicht möglichen Beobachtbarkeit ausgeblendet wurden, so dass die „unerwünschte Beschäftigung mit einem Innenleben" (Skinner 1978, S. 22) ausblieb (vgl. Skinner 1978, S. 20 ff.; vgl. auch Schermer 1991, S. 45).

Das SR-Paradigma (Stimulus-Response) wird vor allem von den Vertretern der Kontiguitätstheorie wie *Pawlow* (‚Klassische Konditionierung': vgl. z.B. Edelmann 1996, S. 56 ff.), *Guthrie* oder *Estes* verwendet, die einen Lernprozess durch die zeitlich-räumliche Nähe von Reiz und Reaktion gewährleistet sehen. Die Analyse der Beziehungen zwischen Reiz und Reaktion stehen dabei im Mittelpunkt. Der Organismus soll durch das Kontiguitätsprinzip an die neuen Umweltbedingungen unter Zuhilfenahme des Repertoires von

Reaktionen angepasst werden können (vgl. Schermer 1991, S. 20 f.), worin schon die Rollenverteilung zwischen den Faktoren Organismus (‚Person') und Umwelt deutlich wird (vgl. die Ausführungen zu Banduras Theorie bezüglich der reziproken Determination, s. 3.2.2.1, Abb. 6 und Erklärung).

Die Verstärkungstheoretiker wie *Thorndike*, *Hull* oder *Skinner* haben in erster Linie die Folgen von Verhalten im Blick. Sie gehen dabei von sog. Konsequenzbedingungen (‚C' für engl. ‚consequences'), Verstärkern wie bspw. Lob oder Tadel, die das vorangegangene Verhalten stabilisieren, erhöhen oder aber verringern (‚rückbilden'), aus. Das „Verständnis des Zusammenhangs von Verhalten (R) und seinen Folgen (C)" (Schermer 1991, S. 21) steht dabei im Vordergrund. Ziel ist die erfolgreiche Beeinflussung des Verhaltens über seine Folgen (vgl. Schermer 1991, S. 21).
Im Rahmen des Lernens durch Verstärkung wird als Lernart der Begriff der instrumentellen Konditionierung (v.a. *Thorndike*) bzw. der der operanten Konditionierung (v.a. *Skinner*) verwendet (vgl. Edelmann 1996, S. 112 und Bower/Hilgard 1983, S. 250): *Thorndike* geht davon aus, dass die Reiz-Reaktions-Verbindungen („connections"), die angenehme Auswirkungen („»successful« or »right« consequence") haben, im Vergleich zu denen, die unangenehme Auswirkungen haben, öfter auftreten (vgl. z.B. Thorndike 1931, S. 33; s.a. Tab. 7: ‚Law of Effect'). Die erlernte Reaktion stellt dabei das ‚Instrument' (deshalb ‚instrumentelle' Konditionierung) zur Erreichung des angenehmen Zustandes dar, das ‚Lernen' an sich wird aus der häufigen Ausführung der Reaktion auf denselben Reiz gefolgert (vgl. Wiegand 1996, S. 343). Gekennzeichnet ist das Lernen bei *Thorndike* durch ‚Versuch und Irrtum', also durch ein Durchspielen mehrerer Reaktionsmöglichkeiten bis zur Zielerreichung und damit dem Auffinden der geeigneten, erfolgversprechenden Reaktion (vgl. Bower/Hilgard 1983, 43).

Skinner bricht mit dem klassischen SR-Paradigma und unterscheidet respondentes und operantes Verhalten (Antwort- und Wirkverhalten). Das Antwortverhalten ist eine durch identifizierbare Reize ausgelöste Reaktion (SR!), während sich das Wirkverhalten auf Verhalten bezieht, „das ausdrücklich *nicht* durch einen Stimulus ausgelöst, sondern spontan abgegeben wird" (Bower/Hilgard 1983, S. 249), also unabhängig von bekannten Reizen erfolgt (vgl. Bower/Hilgard 1983, S. 249). ‚Operant' bedeutet im Skinner´schen Sinne eine aktive Einwirkung des Verhaltens auf die Umwelt zur Erzeugung von Konsequenzen. Der (der Reaktion unmittelbar folgende) Verstärker wird dabei von einer Reaktion abhängig gemacht, was die operante Verstärkung zu einem gesonderten Prozess macht. Das gewünschte (operante) Verhalten (der „Operant") wird so verstärkt, dass die Reaktion wahrscheinlicher wird oder häufiger auftritt (vgl. Skinner 1973, S. 66-70). Ausschlaggebend ist für den Wirkungsgrad der Verstärker vermutlich die biologische Verfassung des Organismus (vgl. Wiegand 1996, S. 344 und Skinner 1973, S. 84-87).

Im Neo-Behaviorismus ist das SR-Paradigma „zum *SOR-Paradigma* (Stimulus-Organism-Response)" (Greschner 1996, S. 51; vgl. auch Staehle 1999, S. 154) erweitert worden. Doch im Mittelpunkt stehen weiterhin die Reiz-Reaktions-Verbindungen. Zwar werden nun die internen Prozesse nicht mehr völlig ausgeschlossen, sie werden jedoch im Sinne von vermittelnden Prozessen als „*intervenierende Variable* oder *hypothetische Konstrukte*" (Kirsch 1971, S. 27) bezeichnet, die aber nicht neurophysiologisch erklärt werden. Mit der „transparent box" wird ein theoretisches Modell der „black box" entwickelt und durch empirische Prüfung der Annahmen mit dieser abgeglichen, um die nicht beobachtbaren Einflüsse identifizieren zu können (vgl. Kirsch 1971, S. 26-29).

Eine zusammenfassende Darstellung (s. Tab. 7) soll einen Überblick über die wichtigsten, lerntheoretisch relevanten Ansätze und ihre Vertreter aus den Reihen des (Neo-) Behaviorismus verschaffen:

Vertreter	Wesentlicher Erkenntniszuwachs
Pawlow	**Klassische Konditionierung (Reiz → Reaktion)** • Kopplung von Reiz und Reaktion, bzw. *Stimulus* (S) und *Response* (R); Verhaltensänderung erfolgt durch wiederholte Kombination eines unkonditionierten Reiz-Reaktionspaares mit einem neutralen Reiz. Es entsteht eine neue Reiz-Reaktionsverbindung: die bedingte Reaktion. Verlernen der gelernten Reiz-Reaktionsverbindung durch Wiederholungen ohne den zusätzlichen Reiz ist möglich.
Thorndike	**Lernen durch Versuch und Irrtum (Lernen am Erfolg)** • Gesetz der Auswirkung – *Law of Effect* Auf SR-Verbindungen beruhende Verhaltensweisen treten mit höherer (geringerer) Wahrscheinlichkeit auf, wenn sie in der Vergangenheit befriedigend (unbefriedigend) waren. • Gesetz der Übung – *Law of Exercise* Ceteris paribus wird jede Reaktion auf eine Situation um so stärker mit dieser verknüpft, je häufiger sie mit ihr in Verbindung gebracht wurde.
Guthrie	**Kontiguitätsgesetz** • Verbindung bzw. Assoziation von Verhalten mit bestimmten Stimuli durch raumzeitliche Nähe. • Verhalten besteht aus Bewegungen (*Movements*), Handlungen (*Acts*) und Fertigkeiten (*Skills*). • Gelernt werden Bewegungen; Handlungen und Fertigkeiten setzten sich daraus zusammen. Es wird nicht die komplexe Ganzheit, sondern es werden die einzelnen *Movements* gelernt. • Lernen nach dem ‚Alles-oder-Nichts'-Prinzip, kein Training notwendig. • Verlernen geschieht durch Neu-Lernen, also Überschreiben alter Strukturen.
Estes	**Stimulus-Auswahl-Theorie** • Mathematische Formulierung der Theorie von GUTHRIE, Betrachtung des Lernens unter statistischer, wahrscheinlichkeitsbezogener Perspektive. • Komplexe Lernsituationen werden wahrscheinlichkeitstheoretisch beschrieben: Bestimmung von Wahrscheinlichkeiten für Reizselektion und Reaktionsauswahl.
Skinner	**Operante Konditionierung (Reaktion → Reiz)** • Verhaltensformung (*Shaping of Behavior*) durch Verstärkung bzw. Verstärkungsentzug. • Unterscheidung zwischen Lerntyp S (klassische Konditionierung eines Reizes) und Lerntyp R (operante Konditionierung); SKINNER beschreibt nicht die vorausgehenden Stimuluskonstellationen, sondern die nachfolgenden Konsequenzbedingungen (vereinfachend: Lernen durch Belohnung).
Hull	**Systematische Verhaltenstheorie** • Geschlossener Theorieansatz, der insbesondere um eine empirische Überprüfbarkeit bemüht ist. • Erweiterung des *SR*-Ansatzes zur *SOR*-Formel (O = Orgamism) Verlassen der klassischen behavioristischen Position (Neobehaviorismus). • Einführung sog. *Intervenierender Variablen* zur Beschreibung interner Vorgänge, die allerdings funktional an die Input- und Outputgrößen gebunden sind; also keine Aufgabe des behavioristischen Standpunktes.

Tab. 7: Die Hauptvertreter des (Neo-)Behaviorismus und deren zentralen lerntheoretischen Aussagen (Quelle: Greschner 1996, S. 52-53)

Der Begriff des Lernens scheint in den verschiedenen behavioristischen Ansätzen unterschiedlich belegt zu sein. Während die Ausbildung einer bedingten Reaktion bei *Pawlow* ein Lernakt ist, wirken für *Guthrie* dabei viele Lernprozesse. Allgemein wird in diesem Zusammenhang von Lernen gesprochen, „wenn eine beobachtbare Änderung in den Verhaltensweisen eines Organismus eingetreten ist." (Schermer 1991, S. 12). Diese Definition des Lernens ist demnach als verhaltensorientiert und funktional anzusehen (vgl. Schermer 1991, S. 12, S. 25 ff. und S. 39 f.). Das durch Verhaltensänderungen zu identifizierende Lernen zeigt sich im behavioristischen Sinne „als Aneignung von überdauernden Reflexketten (Stimulus-Response Verknüpfungen)" (Pawlowsky 1992, S. 199). Die erlernten Reiz-Reaktionsverbindungen können zwar Grundlage neuer Konditionierungen sein, doch bietet diese Theorie keine tragfähige Erklärung für den Erwerb komplexer Reaktionsweisen wie des Spracherwerbs (vgl. Wiegand 1996, S. 343 und Steiner 1992, Sp. 1264 ff.). *Wiegand* (1996, S. 344-345) identifiziert in Anlehnung an *Skinner* (1973) „zwei interessante *praxeologische* Schlußfolgerungen": zum einen besteht nach *Skinner* (1973, S. 93-106 und 352-367) die grundsätzliche Möglichkeit, das Verhalten von mehreren Individuen „über sog. Verstärkungspläne und die Schaffung gleicher Lernkontexte" (Wiegand 1996, S. 344) zu steuern und zu standardisieren. Diese Steuerungsbestrebungen individuellen Verhaltens werden im organisationalen Kontext im Rahmen der Führungsforschung ‚Verhaltensmodifikation' (Organizational Behavior Modification; vgl. z.B. Staehle 1999, S. 378-380) genannt. Allerdings wäre eine Einführung organisationsweiter Verstärkungsplänen mit immensem Aufwand verbunden und die erforderliche ‚positive Verstärkung' zur Aufrechterhaltung des gewünschten Verhaltens müsste durchgehend gewährt werden, um die Wahrscheinlichkeit des Auftreten sicherzustellen. Zum anderen wäre laut *Skinner* (1973, S. 168 ff.) die ‚negative Verstärkung' mit „sehr viel weitergehende(n) Möglichkeiten für die Standardisierung von Lernprozessen und -ergebnissen" (Wiegand 1996, S. 345) verbunden. Durch Angst vor der drohenden Sanktionierung wird der dargebotene Reiz zu einem konditionierten negativen Verstärker, der für die gewünschte Verhaltensausprägung durch antizipatorische Anpassung bzw. Beschränkung des Verhaltens sorgt (vgl. Wiegand 1996, S. 344-345).

Da die behavioristischen Ansätze ausschließlich die direkten Erfahrungen und beobachtbaren ‚Komponenten' des Lernens berücksichtigen, sind sie für das kollektive, organisationale Lernen nur äußerst bedingt geeignet. Trotzdem verdient nach *Wiegand* (1996, S. 345) gerade *Skinners* omnipräsente Lerntheorie „als implizite Führungstheorie" Beachtung.

3.2.1.2. Kognitive Lerntheorien

Im Gegensatz zu den behavioristischen Lerntheorien steht bei den kognitiven Lerntheorien „die *innere Repräsentation* der Umwelt“ (Edelmann 1996, S. 8) im Mittelpunkt des Interesses (vgl. Edelmann 1996, S. 8). Die sog. ‚kognitive Wende' in den sechziger Jahren des 20. Jahrhunderts sorgte für ein Zurückdrängen der bis dahin dominanten SR-Psychologie zugunsten der neukonzipierten kognitiven Forschung (vgl. z.B. Holzkamp 1995, S. 118). Diese ist in erster Linie als „für die psychologische Disziplin forschungsleitendes Paradigma“ (Schermer 1991, S. 19) und weniger als psychologische „Schule im engeren Sinn“ (Schermer 1991, S. 19) zu bezeichnen. Als Wurzeln der kognitiven Psychologie gelten:

(1) das Gebiet der psychologischen Arbeitsgestaltung mit dem Ziel der Optimierung der Interaktion zwischen Mensch und Maschine,
(2) die Computerwissenschaft, die im Zuge der KI-Forschung (‚Künstliche Intelligenz') oder durch Simulationen die Möglichkeit zur Analyse intelligenten Verhaltens bietet und
(3) die Linguistik, deren Forschungsgegenstand die Struktur und Organisation von Sprache ist (vgl. Schermer 1991, S. 19).

Im Vordergrund stehen somit die für die Erkenntnisgewinnung verantwortlichen geistigen Prozesse und im Hinblick auf das Lernen im kognitiven Sinne werden die Veränderungen von kognitiven Strukturen vor dem Hintergrund der Informationsverarbeitung untersucht. Der Wissenserwerb und die Strukturen des Wissens sind dabei wichtiger als das Verhalten an sich, denn die Änderung des Verhaltens wird als Folge eines Lernprozesses gesehen. Die Verhaltensänderung darf folglich nicht mit dem Lernprozess gleichgesetzt werden, sie dient aber als dessen Nachweis, da dieser nicht beobachtet werden kann (vgl. Schermer 1991, S. 12 und 19).
Edelmann (1996, S. 8) charakterisiert die Kognition und deren Leistung wie folgt:

„Unter Kognition versteht man jene Vorgänge, durch die ein Organismus Kenntnis von seiner Umwelt erlangt. Im menschlichen Bereich sind dies besonders: Wahrnehmung, Vorstellung, Denken, Urteilen, Sprache. Durch Kognition wird Wissen erworben.“

Wie schon angedeutet, ist ‚Wissen' einer der zentralen Begriffe der kognitiven (Lern-) Forschung. Es geht dabei um die Repräsentation, den Erwerb, die Anwendung und die Veränderung von Wissen (vgl. Mandl/Spada 1988, S. 1-3). An dieser Stelle kommt die Gedächtnisforschung ins Spiel, denn die Organisation und die (Re-) Aktivierung des Wissens im Gedächtnis sind ebenfalls relevante Forschungsgegenstände (vgl. Wiegand 1996, S.

346). In diesem Zusammenhang bemerkt *Wiegand* (1996, S. 346: Fußnote [56]) völlig zu Recht: „Der Begriff des Lernens wird tendenziell überflüssig, wenn von den Informationsverarbeitungsmöglichkeiten des Gedächtnisses gesprochen wird."

Wesentliche Erkenntnisse der Gedächtnisforschung sollen hier kurz wiedergegeben werden (es bleibt nochmals zu bemerken, dass Lernen in diesem Rahmen weitgehend ausgeblendet wird: vgl. auch Wiegand 1996, S. 350):

- Es gibt verschiedene Arten von Wissen (bspw. prozedurales und deklaratives Wissen; vgl. Squire 1987, S. 152 und zusammenfassend Wiegand 1996, S. 347 f.)
- Diese werden in unterschiedlichen Regionen des Gehirns gespeichert (Dreispeichermodell von Atkinson/Shiffrin von 1968, das mittlerweile zwar modifiziert wurde, die groben Zusammenhänge aber erhalten geblieben sind: vgl. zu den Speicherkonzeptionen Holzkamp 1995, S. 122 ff.)
- Jedes Gehirn weist individuell verschiedene Gedächtnisstrukturen, -spuren und -muster auf (vgl. Wiegand 1996, S. 347).

Zusammenfassend lassen sich folgende Unterschiede zu den behavioristischen Lerntheorien identifizieren:

- Integrierung des Bewusstseins und Ablehnung (‚Öffnung') der ‚Black-Box'.
- Das „*Erleben* des Individuums" (Greschner 1996, S. 54) steht im Vordergrund.
- Ganzheitliche Ausrichtung in der Erfassung der Lernprozesse („*molar*" bzw. „*makroskopisch*": vgl. Greschner 1996, S. 54).
- Lernen als aktiver Prozess der Schaffung von Einsichten.
- Ausbildung von mentalen (‚kognitiven') Strukturen.
- In erster Linie gilt der Mensch als ‚das' Forschungssubjekt (vgl. Greschner 1996, S. 54).

In der folgenden Tabelle 8 werden die bekanntesten Vertreter der kognitiven Psychologie und deren lerntheoretischen Erkenntnisse zusammenfassend dargestellt:

Vertreter	Wesentlicher Erkenntniszuwachs
Tolman	**Orientierungslernen (Musterlernen)** • Lernen von Orientierung oder auch von *kognitiven Landkarten* (*Cognitive Maps*); kein Lernen von Bewegungsabfolgen oder Muskelkontraktionen. • Bildung von Erwartungen und Zielen sowie daraus abgeleitetes planvolles Handeln. • Zeichen (*Signs*) weisen den Weg zum Ziel (deshalb auch Zeichenlernen) • Latentes Lernen ohne Verstärkung ist möglich; daraus abgeleitetes Wissen wird bei Bedarf verwendet.
Wertheimer **Köhler**	**Gestaltpsychologie** • *Gestalt* als zentraler Begriff: von der Umwelt abgehobene und gegliederte Einheit, deren Eigenschaften sich nicht aus der Summe der Einzelteile erschließen lassen. • *Lernen durch Einsicht* in und Verstehen von Gestalten bzw. Ganzheiten.
Lewin	**Feldtheorie** • Verhalten ist nicht das Resultat reiner SR-Verknüpfungen, sondern bildet sich im psychologischen Spannungsfeld des Lebensraumes. Verhalten (V) kann durch eine Funktion (f) der persönlichen Merkmale (P) und der psychologischen Umwelt (U) beschrieben werden: V = f(P,U).
Piaget	**Entwicklungspsychologie** • Begriff des *Schemas* als kleinste kognitive Einheit der kognitiven Struktur. • Übertragung des *Homöostase*-Begriffs auf den Lern- und Entwicklungsprozeß. • Individuum strebt nach kognitivem Gleichgewicht (*Äquilibration*) durch Integration von Information in die kognitive Struktur (*Assimilation*) oder Veränderung der kognitiven Struktur (*Akkommodation*). • *Stufenlehre* des Entwicklungsprozesses.
Miller/ Galanter/ Pribram	**TOTE-Einheit als kognitives Regelungsprinzip** • Funktionale Darstellung des Äquilibrationsvorganges.
Berlyne	**Theorie des kognitiven Konfliktes** • *Kognitiver Konflikt* als Auslöser für Äquilibrationsvorgänge. • Epistemische Neugier als menschlicher Drang, Sinn und Ordnung in Umweltinformationen zu bringen; Grundlage der Entstehung kognitiver Konflikte.
Gagné	**Hierarchische Lernstruktur** • Integrativer Ansatz, der behavioristische und kognitive Elemente enthält und vereint. • Der Lernprozeß wird in aufeinander aufbauende Teilschritte unterteilt.

Tab. 8: Zentrale Arbeiten im Bereich der kognitiven Lerntheorien
(Quelle: Greschner 1996, S. 55)

3.2.2. Lernen im sozialen Zusammenhang

Während die individuellen Lerntheorien die sozialen und interaktionistischen Faktoren des Lernens kaum beleuchten und dieses weitgehend unabhängig von externen Bedingungen untersucht, versuchen die im folgenden dargestellten Lerntheorien das Lernen des Individuums in den sozialen Kontext einzubetten. Gerade bei *Bandura* (1979, 1986) wird dabei deutlich, dass nicht nur die eigene Erfahrung für das Lernen relevant ist, sondern Lernen in großem Maße durch Zuhilfenahme anderer Individuen (‚Modelle') stattfindet. Im Hinblick auf das organisationale Lernen ist die Betrachtung des Lernens im sozialen Zusammenhang unabdingbar, da es sich dabei im Prinzip um ein ‚kollektives' Lernen handelt.
Sowohl bei der sozial-kognitiven (Lern-)Theorie als auch bei den Handlungstheorien handelt es sich um kognitive Theorien (vgl. Edelmann 1996, S. 8 f., S. 281 ff. und Schermer 1991, S. 82 f.).

3.2.2.1. Die sozial-kognitive Lerntheorie nach Bandura

Die sozial-kognitive Lerntheorie von *Bandura* gilt als die wichtigste unter den verschiedenen Theorien des Modell-Lernens (andere gebräuchliche Begriffe dafür sind z.B. Beobachtungslernen (wobei *Bandura* diese Begriffe nicht synonym verwendet: „modeling" und „observational learning"; Anm. d. A.), Imitationslernen oder Lernen am Modell, die aber zum Teil in uneinheitlicher Weise gebraucht werden) (vgl. Edelmann 1996, S. 282). Sie „versucht die kognitive Psychologie in eine Synthese mit den Prinzipien der Verhaltensmodifikationen zu bringen." (Bower/Hilgard 1984, S. 283) und fügt den vorhandenen Lernprinzipien noch neue hinzu. Während bei den traditionellen Lerntheorien großer Wert auf das Lernen aus der unmittelbaren Erfahrung gelegt wird, stellt die soziale Lerntheorie im Besonderen das stellvertretende Lernen, das einen Großteil des menschlichen Lernens einnehme, in den Vordergrund (vgl. Bower/Hilgard 1984, S. 283; zum Stellenwert des stellvertretenden Lernens vgl. Bandura 1979, S.22 f.).
Wiegand (1996, S. 357) bemerkt, dass auch in der Management-Literatur die sozial-kognitive Lerntheorie von *Bandura* oft rezipiert (vgl. z.B. Staehle 1999, S. 218; weitere Literaturbeispiele zum Thema: vgl. Wiegand 1996, S. 357) und ihr Wert als Theorie für das Managementverhalten als basal eingestuft wird (vgl. Staehle/Sydow 1992, Sp. 1294 ff.).

Allerdings hat *Bandura* selbst mittlerweile die ‚soziale Lerntheorie' („social learning theory") in die ‚sozial-kognitive Theorie' („social cognitive theory") umbenannt, womit eine Abgrenzung zu den der operanten Konditionierung verhafteten, älteren sozialen Lerntheorien vorgenommen werden soll. *Bandura* bringt mit der Bezeichnung ‚sozial-kognitive Theorie' die Auffassung zum Ausdruck, „wonach sich Verhalten, Umwelteinflüsse sowie kognitive, biologische bzw. andere intraindividuelle Faktoren gegenseitig beeinflussen und miteinander in Wechselwirkung treten" (Jonas/Brömer 2002, S. 277). Durch diesen „reziproken Determinismus" (vgl. Bandura 1979, S. 192 ff.) unterscheidet sich diese Theorie von „einseitig umweltzentrierten Ansätzen" (Jonas/Brömer 2002, S. 277) aus dem Behaviorismus, wie auch von Ansätzen, die Einflüssen der sozialen Umwelt zu wenig Beachtung schenken (vgl. Jonas/Brömer 2002, S. 277).

Die drei wesentlichen Unterscheidungen zwischen *Banduras* Forschungsrichtung und dem Behaviorismus sind dabei:

1. Untersuchung des Lernens „als *aktiver, kognitiv gesteuerter Verarbeitungsprozeß* gemachter Erfahrungen" (Bandura 1979, S. 8) am Menschen, wobei der Schwerpunkt auf der Fähigkeit zu symbolischem und »stellvertretenden« Lernen des Menschen liegt.
2. Das Verständnis des Handelns der Menschen ist kein rein mechanisch-reaktives mehr, sondern vielmehr ein aktives, das durch die Faktoren „*Motivationen, emotionale Empfindungen* und komplexe *Denkprozesse*" (Bandura 1979, S. 8) entscheidend geprägt wird.
3. Das von *Bandura* angestrebte Menschenbild ist aufgrund des Perspektivwechsels vom manipulierenden Experimentator zum handelnden Menschen weitaus optimistischer, denn die Menschen werden „nicht mehr als rein passiv formbare Marionetten äußerer Umwelteinflüsse" (Bandura 1979, S. 8) verstanden (vgl. Bandura 1979, S. 8).

Ausgangspunkt von *Banduras* Theorie ist die reziproke Determination von Faktoren des Verhaltens, der Person und der Umwelt bzw. der Situationen, die einander gegenseitig bedingen und nicht unabhängig voneinander sind. Dies ist das grundsätzliche Interaktionsverständnis der sozial-kognitiven Lerntheorie, die eine Interaktion in alle Richtungen zwischen den genannten und miteinander verschränkten Faktoren gegeben sieht (siehe Abb. 6) und die Einseitigkeit der Interaktion und die Unabhängigkeit der Faktoren untereinander zurückweist. Der jeweilige Grad der Einflusses und der Gewichtigkeit der einzelnen Faktoren ist dabei abhängig von der aktuellen, konkreten Situation (vgl. Bandura 1979, S. 20 und S. 192 ff. sowie Bandura 1986, S. 22 ff.).

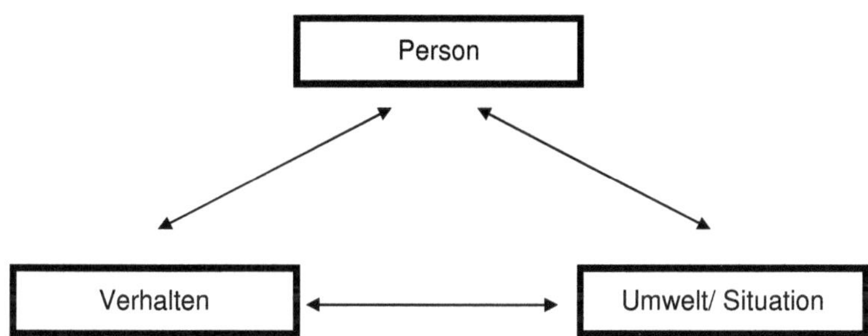

Abb. 6: Das Interaktionsverständnis als Prozess reziproker Determination
(Quelle: eigene Darstellung: nach Bandura 1979, S. 20; vgl. auch Bandura 1986, S. 24)

Der Mensch wird weder durch innere Kräfte noch von Umweltstimuli bestimmt, vielmehr werden die psychologischen Funktionen „durch die ständige Wechselwirkung von Determinanten seitens der Person und seitens der Umwelt erklärt" (Bandura 1979, S. 22).
Darauf aufbauend spricht *Bandura* (1986, S.18 ff.) dem Menschen folgende grundlegenden Fähigkeiten zu:

- Die Fähigkeit zur Verwendung von Symbolen („Symbolizing Capability"):

  Durch Symbole werden gemachte Erfahrungen verarbeitet und gespeichert. Diese dienen zur Ausrichtung des zukünftigen Handelns, ohne mehrere Handlungsalternativen in der konkreten Situation durchspielen zu müssen. Dies kann als Voraussetzung für das reflexive Denken angesehen werden.

- Die Fähigkeit zu vorausschauendem Denken („Forethought Capability"):

  Die Menschen nutzen ihre antizipatorischen Fähigkeiten, um beispielsweise Konsequenzen ihres momentanen und künftigen Tuns identifizieren zu können und ihr Verhalten dementsprechend zu steuern. Es werden Ziele formuliert und mögliche Handlungsabläufe mit verschiedenen Handlungsalternativen gedanklich simuliert. Dies ist ein wichtiger Punkt zur (Selbst-) Motivation.

- Die Fähig- bzw. Möglichkeit zu stellvertretendem Lernen („Vicarious Capability"):

  Diese Fähigkeit ist entscheidend für die Entwicklung und gar das Überleben, da die Menschen die zeitintensive Versuch- und Irrtumsvariante des Lernens nicht in allen Fällen selbst anwenden müssen, sondern durch Beobachtung, einer stellvertretenden Erfahrung, „ausgedehnte, integrierte Verhaltensmuster zu erwerben" (Bandura 1979, S. 22).

- Die Fähigkeit zur Selbstregulation („Self-Regulatory Capability"):

  Die Handlungen des Menschen sind abhängig von selbst gewählten, internalen Standards und Maßstäben der Bewertung des eigenen Verhaltens. Diese selbstregulierenden Faktoren, die von äußeren Einflüssen unterstützt oder in Gang gesetzt werden können, dienen somit der eigenständigen Verhaltenskontrolle.

- Die Fähigkeit zur Selbstreflexion („Self-Reflective Capability"):

  Diese Fähigkeit ermöglicht dem Menschen das Nachdenken über sich selbst und die ausgeführten Handlungen, worin eine evaluative Funktion sichtbar wird, die Formen der Verhaltensänderung in zukünftig ähnlichen Situationen in sich birgt (vgl. in Teilen auch Bandura 1979, S. 22 ff.; zusammenfassend: vgl. Schermer 1991, S.83 f. und Greschner 1996, S. 96).

Dem Modelllernen („modeling") schreibt *Bandura* eine übergeordnete Rolle zu, denn das Modelllernen soll die psychologischen Nachbildungsprozesse („psychological matching processes") charakterisieren und vereint „unterschiedliche Phänomene der Beeinflussung von Beobachtern durch Modelle" (Jonas/Brömer 2002, S. 279). So ist die Vorstellung einer bloßen ‚Imitation' („imitation" = simple response mimicry") oder ‚Nachahmung' zu einfach, da es die komplexen psychischen Vorgänge nicht beachtet und die ‚Identifikation' („identification") ist in ihrer Begrifflichkeit nicht klar zu definieren, wirken willkürlich und sind empirisch fragwürdig (vgl. Bandura 1976, S. 11 ff. und Bandura 1986, S. 47 ff.). Die Modellierungseinflüsse können dabei zu verschiedenen Effekten führen:

- „Observational Lerning Effects":

  es werden durch Beobachtung eines Modells neue kognitive Fertigkeiten und Verhaltensmuster erworben, die das Individuum vorher noch nicht besaß.

- „Inhibitory and Disinhibitory Effects“:

  bereits gelernte Verhaltensweisen werden aufgrund der Beobachtung von Verhaltenskonsequenzen bei einem Modell gehemmt oder enthemmt. Die Richtung und Stärke des Einflusses ist von drei Faktoren abhängig: (1) von der Einschätzung des Beobachters bezüglich seiner eigenen Fähigkeiten, das beobachtete Verhalten auszuführen, (2) von der bewertenden Wahrnehmung des Resultates (Belohnung oder Bestrafung) des Verhaltens und (3) von der Einschätzung, ob gleiches eigenes Verhalten auch die gleichen (beobachteten) Konsequenzen auslöst.

- „Response Facilitation Effects“:

  Beobachtetes Verhalten kann der Auslöser für die Ausführung desselben, bereits gelernten und sozial akzeptierten Verhaltens beim Beobachter sein.

- „Environmental Enhancement Effects“:

  Es ist möglich, die Aufmerksamkeit des Beobachters auf bestimmte Gegenstände oder Umweltbedingungen zu lenken, die anschließend auch in dessen Verhalten sichtbar werden (können).

- „Arousal Effects“:

  Die in sozialen Interaktionen für gewöhnlich enthaltenen Emotionen lösen im Beobachter eine „Veränderung des sozialen Erregungsniveaus“ (Schermer 1991, S.85) aus, was je nach Intensität Auswirkungen auf das zukünftige Verhalten haben kann.

- „Abstract Modeling“:

  Während allgemeingültige Regeln und Strukturen der Kultur zumeist genauso oder in ähnlicher Weise übernommen werden, können durch ‚abstrakte Modellierung' über das Modell hinausgehende, selbst abgeleitete und innovative Verhaltensweisen erworben werden. Durch Abstrahierung werden die beobachteten Inhalte von dem jeweiligen situativen Kontext getrennt und auf andere Anwendungsbereiche übertragen. Dazu sind zumindest drei Prozesse notwendig: (1) die wesentlichen Merkmale einer sozialen Situation erkennen, (2) diese in (komplexe) zusammengesetzte ‚Regeln' integrieren und (3) die abstrahierte, abgeleitete Regel anwenden, um neue Verhaltensbeispiele zu kreieren. Durch abstrakte Modellierung sollen zudem konzeptionelles Lernen („Conceptual Learning“) und Strategien zur Informationssuche und -verarbeitung („Strategies for Seeking and Processing Information“) möglich sein.

- „Creative Modeling“:

  Die Kombination verschiedener innovativer Aspekte von unterschiedlichen Modellen in neue ‚Merkmalsmischungen' („new blends of characteristics“), die von den individuellen Quellen abweichen, kann als ‚kreative Modellierung' bezeichnet werden. Dabei müssen i.d.R. das Gewohnte und das Konventionelle überwunden werden, um Innovationen möglich zu machen. Die unkonventionellen und neuen Einflüsse des Modelllernens können die Kreativität durch Schwächung der konventionellen Bestimmungen fördern (vgl. Bandura 1986, S. 49-51 und S. 100-105; zusammenfassend: vgl. Wiegand 1996, S. 360-361 und Schermer 1991, S. 85).

Unter Beobachtungslernen versteht *Bandura* (1986, S. 49) den Erwerb von kognitiven Fähigkeiten („cognitive skills/competencies“), neuen Verhaltensmustern („new patterns of behavior“) und ‚Regeln' (Strukturen) für die Umsetzung („generative rules for creating behaviors“), die das jeweilige Individuum bisher noch nicht besaß:

„Observational learning is shown most clearly when models exhibit novel patterns of thought or behavior which observers did not already possess but which, following observation, they can produce in similar form“ (Bandura 1986, S. 49).

Die folgende Abbildung (Abb. 7) zeigt die vier Teilprozesse, die nach *Bandura* (1986) bestimmend für das Beobachtungslernen sind. Dabei unterscheidet *Bandura* (1986) zwischen Aneignung („acquisition"), die sich auf die ‚Aufmerksamkeits- und Behaltensprozesse' bezieht, und Ausführung („performance"), die die ‚motorischen und motivationalen Prozessen' betrifft:

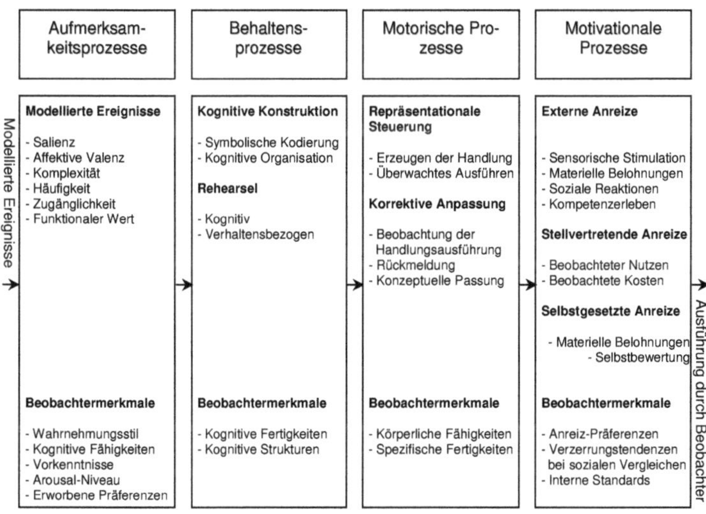

Abb. 7: Die vier Teilprozesse des Beobachtungslernens
(Quelle: Jonas/Brömer 2002, S. 283; vgl. i. Orig. Bandura 1986, S. 52)

Die ‚Aufmerksamkeitsprozesse' bestimmen den Umfang der wahrgenommenen Information und die Aufnahme der relevanten Aspekte der beobachteten Verhaltensweisen. Als grundlegende ‚Subfunktion' des Beobachtungslernens ist deshalb die selektive Wahrnehmung zu sehen. Zum einen sind die Aspekte der modellierten Ereignisse wie die Komplexität oder der funktionale Wert und zum anderen die Merkmale des Beobachters wie dessen Vorkenntnisse oder dessen kognitive Fähigkeiten ausschlaggebend für die Steuerung der Aufmerksamkeit.

Das Behalten und die Fähigkeit zur Repräsentation der beobachteten Handlungen ist naturgemäß ein weiterer wichtiger Schritt, um von diesen Verhaltensmustern profitieren zu können. Die Speicherung dieses neuen Wissens erfolgt *Bandura* gemäß über ‚symbolische Transformation' („Symbolic Transformation"), die kognitive Informationsverarbeitung und -strukturierung. Die gedankliche Wiederholung („Cognitive Rehearsal") der beobachte-

ten Ereignisse hilft dabei, diese zu behalten und kann zu einer Optimierung der Aktivierung des Gelernten führen. Abhängig sind die ,Behaltensprozesse' beim Beobachter von dessen kognitiven Fertigkeiten und Strukturen.
Die ,motorischen Prozesse' hängen in erster Linie von der kognitiven Repräsentation und den motorischen Fähigkeiten ab, um die Umsetzung der abstrakten kognitiv-symbolischen Konzeptionen in die geeigneten Handlungen zu ermöglichen. Dies impliziert einen Lernvorgang im kognitiven Sinne bereits vor der ersten Ausführung des Beobachteten (im Gegensatz zu den Verstärkungstheorien). Fehler in der Ausführung des Gelernten können Folge einer fehlerhaften kognitiven Repräsentation sein, die durch mehrmaliges Wiederholen der praktischen Ausführung korrigiert werden kann. Auch defizitäre motorische Fähigkeiten (, die allerdings trainiert werden können,) können der Grund für eine fehlerhafte Ausführung sein. Nicht beobachtbare, aber unbedingt notwendige Aspekte für die korrekte Ausführung einer Tätigkeit, die erst bei der eigenen Anwendung offensichtlich werden, können ebenfalls zu Schwierigkeiten bei der Ausführung des beobachteten Verhaltens führen. Dann muss das gezeigte Verhalten reflektiert und so nach ,Lösungen' gesucht werden („intrinsic feedback") oder eine Rückmeldung von außen erfolgen („extrinsic feedback"), die die Verhaltensausführung bewertet und korrigiert.

Die Ausführung von gelerntem Verhalten wird nach *Bandura* (1986) von drei Anreizquellen beeinflusst: von externen („direct"), stellvertretenden („vicarious") und selbstgesetzten („self-produced") Anreizen. Dabei stellen als positiv bewertete Auswirkungen von beobachteten Handlungen den größten Anreiz zur Ausführung durch den Beobachter dar, während Verhalten mit neutral oder negativ eingestuften Konsequenzen weniger häufig ausgeführt wird (vgl. Bandura 1986, S. 51-69; zusammenfassend: vgl. Jonas/Brömer 2002, S. 282-283 und Schermer 1991, S. 86-90).

Es ist außerdem darauf hinzuweisen, dass neben dem ,Beobachtungslernen' („observational learning": vgl. Bandura 1986, S. 47 ff.), das bereits ausführlich dargestellt wurde, auch das ,Erfahrungslernen' („enactive learning": vgl. Bandura 1986, S. 106 ff.) thematisiert wird. Der Verarbeitungsprozess (s. Abb. 7) bei beiden Lernformen ist zumindest ähnlich, wenn nicht gleich vorstellbar und hilfreich bei der Auswahl und Ausführung der auf Erfahrungen basierten Verhaltensweisen ist ein „informative feedback" (Bandura 1986, S. 106), das die Verhaltensselektion steuert. Das Erfahrungslernen kann in besonderem Maße die ,Selbstwirksamkeit' („self-efficacy": vgl. Bandura 1986, S. 390 ff.) bedeutsam sein, dieses

Konzept der Selbstwirksamkeit (d.h.: die selbst zugesprochene Kompetenzerwartung in der Auseinandersetzung mit einer Aufgabe: vgl. Schermer 1991, S. 99) soll aber hier nicht weiter verfolgt werden (vgl. Bandura 1986, S. 106 ff. und S. 390 ff.; zur Selbstwirksamkeit vgl. zusammenfassend Schermer 1991, S. 98-101 und Jonas/Brömer 2002, S. 285-293).

Bezüglich der Bewertung der sozial-kognitiven (Lern-)Theorie *Banduras* und der Nutzbarkeit für das Lernen in Organisationen gibt es folgende Bemerkungen zu treffen:

- *Bandura* gelingt eine Synthese zwischen behavioristischen und kognitiven Lerntheorien und relativiert damit deren einseitigen Positionen (vgl. z.B. Schermer 1991, S. 101).
- Schwächen der Theorie sind aber vor allem in der eklektischen Ausrichtung zu sehen, da die einzelnen Parameter in ihrem gegenseitigen Bezug weitgehend unklar gelassen werden (vgl. Schermer 1991, S. 102).
- *Holzkamp* (1995) kritisiert die „Weltlosigkeit“, die er sowohl bei den behavioristischen als auch bei den kognitiven Theorien konstatierte (vgl. Holzkamp 1995, S. 153), auch bei *Bandura*: „..., die *unabhängige Bedeutungsstruktur der sachlich-sozialen Weltzusammenhänge*, auf die sich die Handlungen/ Handlungsgründe beziehen, bleiben aber auch hier ausgeklammert.“ (Holzkamp 1995, S. 113).
- Die Modelleigenschaften werden nur unzureichend spezifiziert (vgl. z.B. Wiegand 1996, S. 362) und die kognitiven Elemente der Theorie werden im Prinzip „ohne eigentliche systematische kognitive Theorie diskutiert“ (Schermer 1991, S. 102), also ohne kognitiv-theoretische Basis vorausgesetzt (vgl. Schermer 1991, S. 102 oder Jonas/Brömer 2002, S. 294).
- Das Modelllernen (bzw. die symbolische Modellierung) hat im praktische Sinne eine hohe erreichbare multiplikative Wirkung (z.B. über Massenmedien) und *Bandura* spricht gerade der symbolischen Modellierung eine häufig unterschätzte Bedeutung hinsichtlich des individuellen Lernens zu (vgl. Jonas/Brömer 2002, S. 294).
- Die Gestaltungsmöglichkeiten kollektiven Lernens werden durch das Beobachtungslernen erweitert, da es einen weniger stark vorstrukturierten und terminierten Lernprozess impliziert. Allerdings führt dies dazu, dass „die konkreten Ergebnisse individueller Lernprozesse weniger kontrollierbar und prognostizierbar“ (Wiegand 1996, S. 362) sind. *Wiegand* (1996, S. 362) schließt daraus, dass das Beobachtungslernen „auf idiosynkratische Weise kognitiv kodiert“ ist (vgl. Wiegand 1996, S. 362).

- Im Hinblick auf das Potential der Theorie *Banduras* bemerkt *Wiegand* (1996, S. 363), dass dieses „hinsichtlich der Fundierung kollektiven Lernens zur Zeit noch zu wenig genutzt" wird. Diese Theorie kann zur Bestimmung von Möglichkeiten und Grenzen des kollektiven Lernens durchaus genutzt werden (vgl. Wiegand 1996, S. 363).

3.2.2.2. Handlungstheorien

Handlungstheorien haben den Anspruch, „Person und Situation miteinander zu verbinden, und dabei insbesondere die kausale Bedeutung von psychischen Phänomenen (Kognitionen, Emotionen) für das sichtbare Verhalten zu klären" (Greve 2002, S. 300). Handlungstheoretische Überlegungen sind in der Sozial-, Motivations-, Kognitions-, Entwicklungs- und Persönlichkeitspsychologie zu finden, daher ist ein umfassender Überblick nur schwer zu leisten (vgl. Greve 2002, S. 300), auch deshalb werden in dieser Arbeit nur die m.E. relevanten handlungstheoretischen Aspekte hinsichtlich des Lernens dargestellt.

Die sozialpsychologische Perspektive ist aber allen Ansätzen gemein, da das menschliche Handeln „konzeptuell eine soziale Aktivität" (Greve 2002, S. 301) ist, da es durch soziale Umstände beeinflusst wird und zumeist Folgen für den Handelnden und Andere nach sich zieht. Aufgrund der vielfältigen Ansätze werden Handlungen zunächst als „eine durch besondere Attribute gekennzeichnete Teilmenge menschlichen Verhaltens" (Greve 2002, S. 301) charakterisiert. Zum einen müssen offenbar innerpsychische und zum anderen soziale Bedingungen erfüllt sein, um von Handlungen sprechen zu können (vgl. Greve 2002, S. 301 f.). Auch *Lenk* (1978, S. 281) bezeichnet Handeln als „Spezialfall von »Verhalten«", da nicht jedes Verhalten als Handeln bezeichnet werden kann (vgl. Lenk 1978, S. 281). Für das Vorliegen einer Handlung („von bestimmter Art": Lenk 1978, S. 299) sind stets bestimmte Teilkomponenten erforderlich: neben der rein äußerlich beobachtbaren ‚Handlung' (z.B. eine Bewegung) ist die (interpretative) Einordnung in einen Kontext notwendig (inklusive Folgesituationen, allgemeingültige ‚Spielregeln', etc.), um die Handlung als bestimmte Art von Handlung verstehen zu können (vgl. Lenk 1978, S. 299 ff.). Oftmals wird auch die ‚Zielgerichtetheit' als (alleinige) Bedingung für die menschliche Handlung angegeben, doch erscheint die ‚Absichtlichkeit' weniger starr und doch treffender (vgl. Greve 2002, S. 302).

Edelmann (1996, S. 288) bezeichnet das Modelllernen der sozial-kognitiven Theorie *Banduras* (1979, 1986) als den Vorläufer der Handlungstheorien: durch den von *Bandura* beschriebenen Informationsverarbeitungsprozess (s. Abb. 7) und die kognitive Speicherung der Informationen bildet der Mensch die Fähigkeit einer gewissen Antizipation des zukünftigen Verhaltens aus, das dem ‚Handlungskonzept', einem Entwurf zur Steuerung des späteren Verhaltens ähnelt, was *Edelmann* (1996, S. 288) als „das herausragende Merkmal des planvollen Handelns" bezeichnet. Jedoch ist das Handlungskonzept flexibler und besitzt einen gewissen Handlungsspielraum, der dem Modelllernen fehlt. Dies sieht *Edelmann* als Grund für die Verwendung des Begriffes ‚Verhalten' (und nicht ‚Handlung') im Zusammenhang mit dem Modelllernen (vgl. Edelmann 1996, S. 288-289).

Auch *Edelmann* (1996, S. 289) bemerkt, dass der Begriff der Handlung „eigenartig unbestimmt" und zudem die Abgrenzung von Verhalten und Handeln problematisch ist. Vor diesem Hintergrund erfasst er Merkmale einer Handlung aus verschiedenen Handlungsdefinitionen und kreiert den „idealen Handelnden", wobei ‚ideal' sich auf die Anzahl verschiedener Attribute bezieht und nicht normativ verstanden werden soll. So sind verschiedene Handlungsbegriffe je nach Perspektive möglich. Die wesentlichen Merkmale sind:

- „die Innensteuerung durch ein Subjekt
- die Entscheidung zwischen Handlungsalternativen
- der subjektive Sinn
- die Intentionalität (Zielgerichtetheit)
- die Bewußtheit
- das flexible Handlungskonzept
- die (auch rechtliche) Verantwortlichkeit
- der Wissenserwerb." (Edelmann 1996, S. 291).

Handlungen können in Klassen unterschieden werden. *Edelmann* (1996) teilt in die Willenshandlung zum einen und das planvolle Handeln zum anderen ein. Bei der Willenshandlung steht die Entscheidung („die *Zielsetzung*": Edelmann 1996, S. 294) im Mittelpunkt, während beim planvollen Handeln das „antizipatorische Handlungskonzept" („die *Handlungssteuerung*": Edelmann 1996, S. 294) von erstem Interesse ist.

Das sog. Rubikonmodell der menschlichen Handlung soll hier stellvertretend für den Bereich der Willenshandlung kurz skizziert werden: Vor der Entscheidung wird zwischen mehreren Alternativen abgewogen, bis eine Präferenz klar geworden ist (prädezisionale

Phase – motivational geprägt), die in eine konkrete Handlungsabsicht zu überführen ist (präaktionale Phase – volitional, vom Wollen geprägt). Diese Transformation von Wunsch in Intention nennt man in diesem Modell das „*Überschreiten des Rubikons*" (Edelmann 1996, S. 296: zur Namensgebung ‚Rubikon' vgl. Edelmann 1996, S. 295). Ist die Entscheidung also gefallen, wird die Handlung, sobald diese möglich ist, durchgeführt (aktionale Phase – ebenfalls volitional). Nach Ausführung der Handlung erfolgt eine (rückblickende) Bewertung des Handlungsergebnisses (postaktionale Phase - motivational) mit Konsequenzen für zukünftige Handlungen (vgl. Greve 2002, S. 307-308 und Edelmann 1996, S. 295-296).

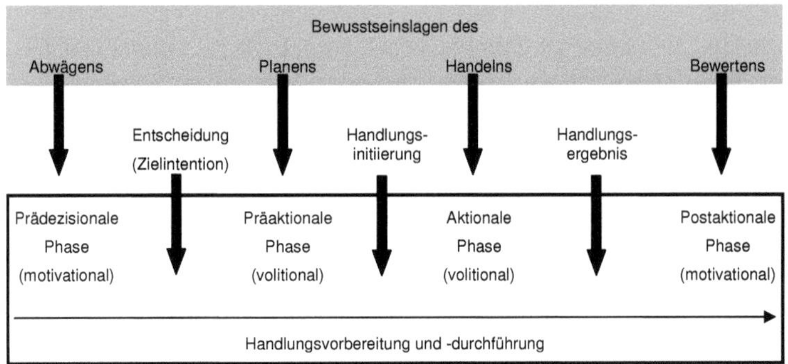

Abb. 8: Das Rubikonmodell der menschlichen Handlung
(Quelle: Greve 2002, S. 308)

Das ‚planvolle Handeln' zählt zu den handlungsregulatorischen Ansätzen, die in (1) die interne Handlungssteuerung, (2) die Rückmeldung der Handlungsfolgen und (3) die hierarchisch-sequentielle Organisation des Handelns:

(1) Hier werden zwei Ausrichtungen unterschieden, die Vergegenständlichung und die Aneignung.

Handeln wird als „*gegenständliche Aktivität*" (Edelmann 1996, S. 297) beschrieben, durch die der Handelnde in seiner Umwelt verändernd wirkt und Handlungsfolgen auslöst. Die Handlungen können dabei zweckrational (zu einem bestimmten Zweck) oder wertrational (wegen des Eigenwertes der Handlungen) beschaffen sein.

Die Aneignung beschreibt eine Wissensschaffung des Subjektes über das Objekt. Ein i.d.R. dispositionales Wissen und ein latentes Motiv bewirken die Bildung eines flexiblen

Handlungsplanes bzw. -konzeptes, der sowohl Ziele als auch Strategien zur Zielerreichung umfasst und eine Antizipation der künftigen Handlungsausführung darstellt. Der Handlungserfolg wird ‚rückgemeldet' und gespeichert. Das Handlungskonzept stellt somit eine interne Handlungssteuerung dar. Dem liegt eine höchst rationale Sichtweise des Menschen („planende Vorausschau": Edelmann 1996, S. 299) zu Grunde (vgl. Edelmann 1996, S. 297-299).

(2) Dieser Punkt beschreibt einen Feedback-Mechanismus, der in der Psychologie unter dem Namen TOTE-Einheit (Test-Operate-Test-Exit-Einheit) bekannt wurde. In der Test-Phase wird jeweils die Rückmeldung geliefert und im Falle eines ‚negativen' Ergebnisses eine neue Handlung (Operate) eingeleitet, die wiederum geprüft wird, bis die Ausführung für gut befunden wird und die Tätigkeit beendet (Exit) werden kann (vgl. Edelmann 1996, S. 299-300 und Greve 2002, S. 310).

(3) Die hierarchisch-sequentielle Organisation zeigt sich in der Untergliederung von komplexen Handlungen in Teilziele, -pläne und -handlungen. Die Ausführung und Prüfung der untergeordneten Teilhandlungen können anhand des TOTE-Regelkreises durchgeführt werden, wobei die übergeordneten Ebenen eine Kontrollfunktion innehaben. Es finden folglich Regulationsvorgänge auf unterschiedlichen Ebenen statt, bei denen das Endziel die Teilhandlungen in hierarchischer Weise determiniert. Durch die möglicherweise in zeitlicher Reihenfolge versetzt (nacheinander) auszuführenden (Einzel-)Tätigkeiten ist die sequentielle Komponente gegeben (vgl. Edelmann 1996, S. 300-301).

Freiräume und Anleitung sind wichtige Elemente für die Entwicklung einer eigenständigen Handlungsregulation. Der Erwerb von Handlungsschemata, die in ihrer Gesamtheit als Handlungskompetenz bezeichnet werden, ist ein Produkt der Generalisierung von einzelnen konkreten Handlungskonzepten und müssen erlernt werden.
Aebli (1980, S. 83) spricht vom „Handeln als eine Abfolge von Episoden", die einander bspw. im Alltag des öfteren ähneln und wiederholt werden: „Die Wiederholung einer Handlung liegt dann vor, wenn zwei Episoden die *gleiche Struktur* haben." (Aebli 1980, S. 83). Durch die Wiederholung der Handlungsabläufe werden diese sicherer, flüssiger und fehlerloser. Folglich basieren die Handlungsschemata auf einem organisierten Wissen, das „offenbar übertragbar, transferierbar auf neue Aufgaben und Situationen" (Aebli 1980, S. 84) ist.
Die ursprünglichen Handlungsschemata können durch Wiederholung der jeweiligen Handlung in einem anderen Kontext modifiziert werden und dem „Aufbau eines Schemas mit

Leerstellen“ (Edelmann 1996, S. 308) dienen, also ein Schemata, das „eine größere Wissensmenge repräsentiert als eine einzelner Begriff mit seinen kritischen Attributen“ (Edelmann 1996, S. 230). Die Handlungskompetenz stellt die Gesamtheit der Handlungsschemata dar, die u.U. kategorisiert werden kann. Je mehr Handlungsschemata ein Mensch zur Verfügung hat, desto effizienter ist er i.d.R. in der Zielerreichung (vgl. Edelmann 1996, S. 230, S. 307-309 und Aebli 1980, S. 83-85).

Das Lernen solcher Handlungsschemata und somit die Entwicklung einer eigenständigen Handlungsregulation ist bei Kindern und Jugendlichen an zwei Aspekte gebunden (vgl. Edelmann 1996, S. 309):

- „Erlebnis von Freiräumen für selbständiges Handeln
- Einübung von nicht ungefährlichem Handeln“ (Edelmann 1996, S. 309).

Dies kann für den organisationalen ‚Alltag' nur bedeuten, dass den engen Organisationsmitgliedern (den Mitarbeitern) mehr Freiräume zugestanden werden, insbesondere ein Zugestehen höherer Verantwortung im eigenen Bereich für Personal und Material wie auch im Umgang mit Geschäftspartnern. Die Ansätze des ‚selbstorganisierten' und ‚selbstgesteuerten Lernens' (z.B. aus der Berufs- und Betriebspädagogik) könnten hier ansetzen. Das ‚nicht ungefährliche Handeln' weckt unwillkürlich Assoziationen mit dem Schlagwort des ‚unternehmerischen Risikos', doch ist dies organisationsweit für alle schwer praktisch vorstellbar. Aber auch hier könnten mehr Entscheidungsbefugnisse auf den jeweiligen Ebenen sicherlich die (Handlungs-) Kompetenz der Beschäftigten erhöhen. Die Arbeit in Projekten und Formen der Arbeitsstrukturierung wie bspw. die ‚teilautonomen Gruppen', die zwar nach festgelegten Spielregeln agieren, der Weg zum Ziel aber ihnen überlassen bleibt, sind Möglichkeiten, die *Doppler/Lauterburg* (2000, S. 179) sehen, um viele völlig überregulierte Organisationen zu deregulieren und „verantwortungsarme Zonen“ abzubauen (vgl. Doppler/Lauterburg 2000, S. 179-180).

Beim sog. ‚Problemlösen' handelt es sich um einen Sonderfall des vorgestellten ‚planvollen Handelns'. Ein Problem lässt sich in diesem Zusammenhang durch drei Komponenten charakterisieren:

1) einen unerwünschten Anfangszustand
2) einen erwünschten Zielzustand und

3) eine Barriere, die momentan verhindert, dass der Ausgangszustand in den gewünschten End- bzw. Zielzustand überführt werden kann (vgl. Edelmann 1996, S. 314).

Eine ‚Aufgabe' ist durch das für die Lösung zur Verfügung stehende Wissen vom ‚Problem' zu unterscheiden. Die Kognitive Struktur des Menschen ist die Voraussetzung für die Problemlösefähigkeit und die Fähigkeit zur Aufgabenbewältigung. Das Modell der Kognitiven Struktur (s. Abb. 9) soll verdeutlichen, wie diese Prozesse in etwa vorstellbar sind.

Die dort gezeigte Wissensstruktur steuert den Großteil der menschlichen Handlungen. Reicht diese nicht aus, um den Zielzustand zu erlangen, werden die Problemlöseverfahren genutzt, die in ihrer Gesamtheit die Problemlösestruktur ausmachen. Diese sorgt zumindest für eine ausreichende Einengung der Verhaltensalternativen (vgl. Edelmann 1996, S. 315).

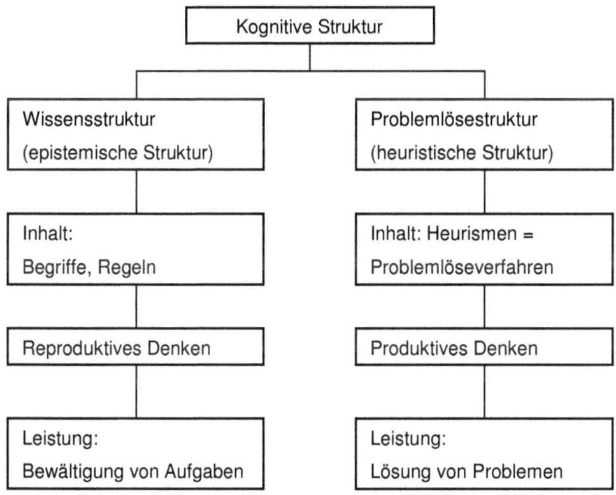

Abb. 9: Modell der Kognitiven Struktur
(Quelle: Edelmann 1996, S. 315: in Anlehnung an Kluwe 1979 und Dörner 1979)

Um das Spektrum an möglichen Problemlösetheorien aufzuzeigen und eine Verbindung zu möglichen organisationalen Anwendungsbereichen (und zu bereits vorgestellten Teilen der Lerntheorie) herzustellen, werden im folgenden fünf Formen der Problemlösung kurz vorgestellt:

Art des Problemlösens	wesentliche Merkmale
Problemlösen durch Versuch und Irrtum	• Probieren in Form von sukzessiver Hyphothesenprüfung, bis die Bedingungen erfüllt sind • besonders bei unübersichtlichen Problemsituationen • die Informationsfülle verhindert kognitiv anspruchsvollere Lösung
Problemlösen durch Umstrukturierungen	• Ursprung in der Gestaltpsychologie • das Problem ist unklar, unübersichtlich, die Lösung hingegen klar und überschaubar (Problemlösen als Klärungsprozess) • die Problemsituation wird analysiert und geordnet (Ordnungsprinzipien der Wahrnehmung) • das Problem weist eine defekte Struktur (schlechte Gestalt) auf, die in eine gute Struktur (Gestalt) umstrukturiert wird • zeichnet sich durch ‚plötzliches' Erkennen (neue Perspektive) der Beziehungen zwischen den Komponenten der Problemsituation (Problemlösen durch Einsicht) aus • kann als Prozess sukzessiver Umformung eines Problems beschrieben werden • Lösungsprinzipien sind oftmals generalisierbar und können so auf gleichartige oder ähnliche Probleme übertragen werden
Problemlösen durch Anwendung von Strategien	• Strategie impliziert Planung und Durchführung eines Gesamtkonzeptes • das Denken äußert sich in einer Abfolge sichtbarer Tätigkeiten und Entscheidungen • Strategie ist als Suchanweisung von Einzelentscheidungen innerhalb eines Rahmens zu verstehen, die Flexibilität in der Anwendung ermöglicht
Problemlösen durch Kreativität	• die Verknüpfung von gedanklich weit voneinander entfernten Elementen ist wesentliches Merkmal kreativer Lösungen • können durch diese Verknüpfung auch als Umstrukturierungen verstanden werden • diese Lösungen sind oft durch Ideenfülle und Originalität gekennzeichnet • Kreativität als Inspiration vs. Kreativität als originelle Nutzung einer Wissensbasis • Es kann konvergentes (reproduktives) Denken von divergentem (produktivem, abweichendem) Denken unterschieden werden
Problemlösen durch Systemdenken	• Umgang mit Komplexität und Unbestimmtheit • Menschen neigen zur Behebung momentaner Missstände (»Überwertigkeit des aktuellen Motivs«), anstatt gesamt-systemisch an das Problem heranzugehen • Schwierigkeiten bei komplexen Problemen liegen zum einen in den Grenzen der kognitiven Ausstattung und zum anderen in mangelnder Übung begründet • zur Lösung komplexer Probleme ist folglich ein relativer Überblick über die Komplexität und die Erfassung der Systemstruktur erforderlich • breites Wissen, Fähigkeit zur Analogiebildung, Entscheidungsfreude, Selbstsicherheit und verantwortungsvolles, stabiles Handeln zeichnen den erfolgreichen Problemlöser aus

Tab. 9: Übersicht über Problemlösetheorien und deren wesentlichen Merkmale (Quelle: eigene Darstellung: zusammengefasst nach Edelmann 1996, S. 313-332)

3.3. Wissen in Organisationen

Das Wissen hat im Laufe der Zeit einen immer höheren Stellenwert erlangt, so dass auch im Zusammenhang mit der Gesellschaft des öfteren von einer „heraufziehenden Wissensgesellschaft“ (Güldenberg 1999, S. 522) gesprochen wird. Die Komplexität des Wissen nimmt dabei zu und die Fülle an verfügbarem Wissen führt zu einer Überforderung von Mensch und Organisation (s. Abb. 10), deren Verarbeitung sich die Forschungen zum Wissensmanagement widmen (vgl. Güldenberg 1999, S. 521 ff.).

Aus diesem Grunde werden auch in dieser Arbeit die wichtigsten Aspekte des Wissens – insbesondere hinsichtlich der Bedeutung für die Organisation – kurz beleuchtet. Eine Darstellung der Konzepte des Wissensmanagement verbietet sich jedoch an dieser Stelle, da es den Rahmen sprengen würde (zum Wissensmanagement: vgl. z.B. Schreyögg/Conrad 1996; Probst/Raub/Romhardt 1999; Schreyögg 2001a; Prange 2002 oder North 2002).

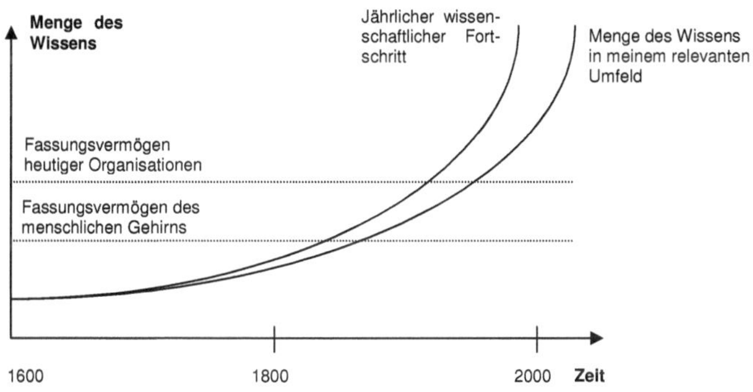

Abb. 10: Die Überforderung menschlicher und organisationaler Kapazitäten mit Wissen (Quelle: Güldenberg 1999, S. 523)

3.3.1. Der Begriff des Wissens

Es finden sich in der Literatur unzählige Definitionsversuche des Wissensbegriffs. Aufgrund der Breite des Spektrums, das dieser Begriff in sich birgt, ist eine umfassende Definition dessen, was Wissen genau ist, nur schwer vorstell- und machbar (vgl. Pautzke 1989, S. 64 ff.).

Aus diesem Grunde wurde als Einstieg eine relativ allgemeingehaltene Fassung (hinsichtlich des einschränkend wirkenden Problemlösungsgedanken lässt sich über die ‚Allgemeingültigkeit' sicherlich streiten; Anm. d. A.) des Wissensbegriffs von *Probst/Raub/Romhardt* (1999) gewählt, um eine Ausgangsbasis zu haben:

> „Wissen bezeichnet die Gesamtheit der Kenntnisse und Fähigkeiten, die Individuen zur Lösung von Problemen einsetzen. Dies umfaßt sowohl theoretische Erkenntnisse als auch praktische Alltagsregeln und Handlungsanweisungen. Wissen stützt sich auf Daten und Informationen, ist im Gegensatz zu diesen jedoch immer an Personen gebunden. Es wird von Individuen konstruiert und repräsentiert deren Erwartungen über Ursache-Wirkungs-Zusammenhänge."
> (Probst/Raub/Romhardt 1999, S. 46: eine Auswahl an verschiedenen Definitionen und Auffassungen zum Begriff des Wissens bietet Pautzke 1989, S. 64-70).

Bei den Wissensarten stellt sich dasselbe Problem wie bei dem Begriff an sich: „Es gibt verschiedene Vorstellungen darüber, wie dieses Wissen näher beschrieben werden kann." (Schreyögg 2001b, S. 7).

Ob „Regel- und Faktenwissen", „Allgemeinem und Besonderem Wissen", oder weiteren Klassifikationsschemata der Wissensarten (vgl. Schreyögg 2001b, S. 7-9), die wohl ‚populärste' Art der kategorialen Unterscheidung geht auf *Polanyi* (1985) zurück: die Unterscheidung von explizitem und implizitem Wissen. Für diesen steht die Tatsache, *„dass wir mehr wissen, als wir zu sagen wissen*" (Polanyi 1985, S. 14) im Mittelpunkt seiner Überlegungen. Dieses ‚implizite' Wissen ist dadurch gekennzeichnet, dass es sprachlich nicht präsent ist und ohne weiteres nicht in Worte gefasst werden kann. Als Beispiele für implizites Wissen führt *Polanyi* (1985, S. 16) die „nicht-explizierbaren Fähigkeiten des wissenschaftlichen und künstlerischen Genies" (‚intellektuelles Wissen') und „die Ausübung von Geschicklichkeiten (...) künstlerischer, athletischer oder technischer Natur" (‚praktisches Wissen') an. Mit geeigneten Ausdrucksmitteln ist eine Überführung in ‚explizites' Wissen z.T. möglich (vgl. Polanyi 1985, S. 14 ff.). Das implizite Wissen stellt dabei die Grundlage jeglichen expliziten Wissens dar und ist Auslöser und Förderer wissenschaftlicher Forschung zugleich (vgl. Polanyi 1985, S. 27 ff.) Explizites Wissen dagegen ist „klar angebbar" (Polanyi 1985, S. 29). Es handelt sich dabei um Fakten, Regeln, dokumentierte Erfahrungen u.ä. umfassendes Wissen, das reproduzierbar ist. Es gilt in Organisationen als

Wissen, „das in artikulierter, transferierbarer und archivierbarer Form vorliegt“ (Schreyögg 2001b, S. 8). Zudem ist es generell nicht subjektgebunden (vgl. Schreyögg 2001b, S. 8).

Nonaka/Takeuchi (1997) haben diese Unterscheidung von implizitem und explizitem Wissen in ihre Theorie der Wissensschaffung in Unternehmen aufgenommen. Die Schaffung von Wissen vollzieht sich – vereinfacht – in der Umwandlung von implizitem in explizites Wissen (vgl. Nonaka/Takeuchi 1997, S. 19). Einer grundsätzlichen Überführbarkeit des impliziten in explizites Wissen, die *Schreyögg* (2001b, S. 8: Fußnote [1]) den beiden Japanern unterstellt, stimmt dieser nicht zu, da „dieses Wissen mit individuellen Handlungsvollzügen und Denkoperationen verknüpft“ sei (vgl. auch Schreyögg/Noss 1997). Nichts desto trotz sind *Nonaka/Takeuchi* aus der Wissensmanagement-Diskussion nicht wegzudenken (vgl. Prange 2002, S.26). Mit der Hinzunahme von individuellem (nur dem Individuum zugänglich bis zur ‚Explizitmachung') und kollektivem ([gleiches?: Anm. d. A.] implizites Wissen in den Köpfen mehrerer Individuen) Wissen entwickelt *Prange* (2002, S. 28) ein ‚Modell' der Wissensdimensionen (s. Abb. 11), das Beispiele für die verschiedenen Wissenskategorien liefert (vgl. Prange 2002, S. 26-28):

	Individuell	**Kollektiv**
Explizit	Deklaratives Wissen; Positionierungswissen; Bewusstes Wissen;	Wissenschaftliches Wissen; Normatives Wissen; Dokumente Institutionalisierte Regeln; Patente; Prozeduren
Implizit	Automatisches Wissen Praktisches Wissen; Know How; Prozedurales Wissen; Skripte; kontextuelles Wissen	Kollektives Wissen; Wissensgemeinschaften; Gemeinschaftssinn; Soziale Normen und Mythen Traditionen

Abb. 11: Wissensdimensionen und Beispiele
(Quelle: Prange 2002, S. 28; in Anlehnung an Nonaka/Takeuchi 1995 und Baumard 1996, S. 29)

Als Grundelemente einer Wissensbasis, eine solche soll im Anschluss am Beispiel der organisationalen Wissensbasis nach *Pautzke* (1989) gezeigt werden, sehen

Probst/Raub/Romhardt (1999) Zeichen, Daten, Informationen und Wissen als qualitativ unterschiedliche Ebenen:

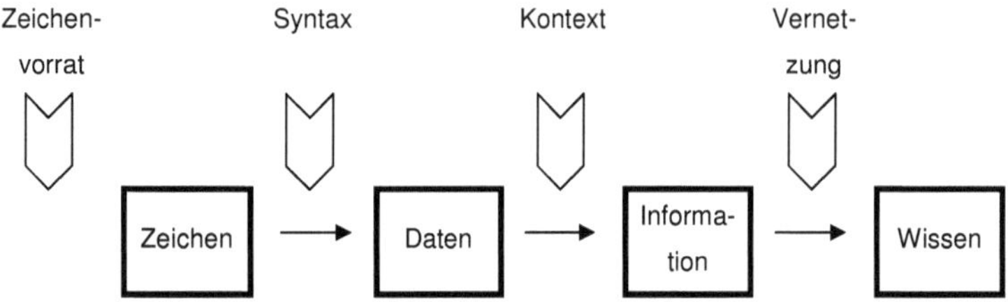

Abb. 12: Die Beziehungen zwischen den Ebenen der Begriffshierarchie
(Quelle: eigene Darstellung; in Anlehnung an Probst/Raub/Romhardt 1999, S. 36)

Syntaxregeln machen Zeichen zu Daten, die – in einem bestimmten Kontext interpretiert – zu Informationen werden. Eine Vernetzung der Informationen macht diese nutzbar in einem Handlungsfeld, das man als Wissen bezeichnen kann (vgl. Probst/Raub/Romhardt 1999, S. 36 f.).

3.3.2. Die organisationale Wissensbasis nach Pautzke

Bezüglich eines organisationalen Lernens ist nur das Wissen von Belang, das tatsächlich von den Mitgliedern der Organisation dieser zur Verfügung gestellt wird. *Pautzke* (1989) beschreibt das Wissen, das die organisatorische Wissensbasis umfasst, *Kirsch* folgend als das prinzipiell in der Organisation verfügbare Wissen („latente Wissensbasis“: s. Abb. 8), das für organisatorische Entscheidungen und Handlungen genutzt werden kann (das tatsächlich für solche Vorgänge genutzte Wissen ist die „aktuelle Wissensbasis“: s. Abb. 8). Unternehmen werden in diesem Zusammenhang als „»kontextpluralistische Systeme«“ (Pautzke 1989, S. 77; kursiv i. Orig.) angesehen, die nebeneinanderstehende, mehr oder weniger vergleichbare Kontexte beinhalten. In einem solchen System kann zwar in einer Kontextgemeinschaft eine „*lokale Wissensbasis* (...) ein wohlintegriertes System darstellen“ (Pautzke 1989, S. 77), für die Gesamtorganisation bedeutet dies höchstens locker verbundene Wissenselemente und (Wissens-)Subsysteme, die kein harmonisches Ganzes ergeben (vgl. Pautzke 1989, S. 76 f.).

Aufgrund dieser problematischen Identifizierungsmöglichkeiten des verfügbaren Wissens, scheint es aussichtsreicher zu sein, „»*Schichten*« der organisatorischen Wissensbasis danach zu unterscheiden, mit welcher Wahrscheinlichkeit das in ihnen enthaltene Wissen bei organisatorischen Entscheidungen verwendet wird" (Pautzke 1989, S. 77).

Auf dieser Basis hat *Pautzke* (1989) das folgende Schichtenmodell entwickelt:

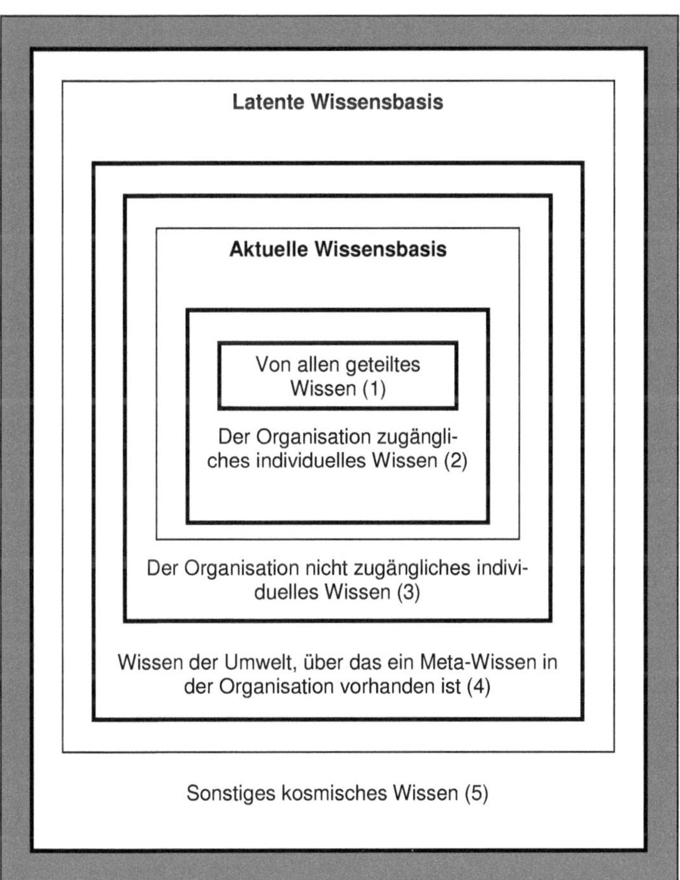

Abb. 13: Das horizontale Schichtenmodell der organisatorischen Wissensbasis
(Quelle: Pautzke 1989, S. 79)

(1) Von allen geteiltes Wissen:

Dieses Wissen ist gewissermaßen das Wissen der Organisation, das „neben Begriffs-, Handlungs- und Rezeptwissen auch Grundsatzwissen“ (Güldenberg 1999, S. 531) beinhaltet. Damit ist die Persönlichkeit der Organisationsmitglieder ebenso wie bspw. die Organisationskultur, aber auch Weltbilder und Sinnmodelle gemeint. Das organisationale Lernen wird dabei als Mittel zur Vergrößerung und Veränderung des von allen geteilten Wissens verstanden (vgl. Pautzke 1989, S. 78).

(2) Der Organisation zugängliches individuelles Wissen:

Zudem sind Organisationen in großem Maße auf das individuelle Wissen ihrer Mitglieder angewiesen. Dabei kommt es zu einer Verteilung des Wissens auf viele lokale Wissensbasen und Individuen, was die Wissenskapazität der Organisation um ein Vielfaches erhöht. Aus diesem Grunde beinhaltet die aktuelle Wissensbasis auch immer das der Organisation zur Verfügung gestellte („zugängliche“) Wissen der Mitglieder. Für das organisationale Lernen bedeutet auch dies eine Anschubfunktion der Veränderung dieses Wissensbestandes (vgl. Pautzke 1989, S. 80).

(3) Der Organisation nicht zugängliches individuelles Wissen:

Diese ‚Schicht‘ verdeutlicht, „daß die organisatorische Wissensbasis nicht mit der Summe des individuellen Wissens aller Mitglieder identisch ist“ (Pautzke 1989, S. 80). Zum einen verfügen die Mitglieder über für die Organisation irrelevantes Wissen aus ihrer persönlichen Umwelt und zum anderen kann von Seiten der Mitglieder wissentlich und willentlich relevantes Wissen der Organisation vorenthalten werden. Durch diese inhaltliche Trennung der Schichten 2 und 3 „sind Organisationen in der Lage zu lernen, ohne daß eines ihrer Mitglieder lernt“ (Pautzke 1989, S. 80), indem das (vorher nicht zugängliche) individuelle Wissen zum Teil der aktuellen Wissensbasis wird (vgl. Pautzke 1989, S. 80).

(4) Wissen der Umwelt, über das ein Meta-Wissen in der Organisation vorhanden ist:

Die latente Wissensbasis ist weit größer als das aktuelle Organisations- und Mitgliederwissen. Es ist oftmals ein Meta-Wissen über außerorganisationales, aber beschaffbares Wissen („Objektwissen“) vorhanden, das später durchaus – wie auch das Wissen der Umwelt generell – in den Entscheidungsprozessen der Organisation eine Rolle spielen kann und deshalb zur latenten (‚unbewussten‘) Wissensbasis gehört (vgl. Pautzke 1989, S. 81).

(5) Sonstiges kosmisches Wissen:

Der Hauptteil des vorhandenen Wissens befindet sich naturgemäß in Schicht 5. *Pautzke* (1989) sieht dafür mehrere Gründe:

Institutionelle Ebene:	Strukturelle Barrieren verhindern den Zugang zu (Meta-) Wissen
Kulturelle Ebene:	einschränkende (‚starre') Weltbilder oder Doktrinen verhindern möglicherweise die Wissensassimilation
‚Persönliche' Ebene:	die Informationsverarbeitungskapazität des Menschen ist beschränkt (vgl. Pautzke 1989, S. 81 f.) und die Wahrnehmungsfähigkeit des menschlichen Gehirns ebenfalls (vgl. Güldenberg 1999, S. 532).

Dieses horizontale Modell, das die Wissensschichten quasi auf einer Ebene sieht, wird von *Pautzke* (1989, S. 86) noch um eine „vertikale Dimension" ergänzt. Demnach besitzen Organisationen ein Paradigma, das Erweiterungen des weltbildlichen Kerns der Organisation zulässt und somit neues Wissen, Ideen usw. integriert, ohne diesen Kern (bspw. die Organisationskultur) an sich in Frage zu stellen. Das erklärt u.a. auch die teilweise Nichtnutzung von Wissen, da es in diesem Falle wahrscheinlich dem organisationalen Paradigma nicht entspricht (vgl. Pautzke 1989, S. 82-88).

3.4. Allgemeines Verständnis der „Lernenden Organisation"

Zunächst muss darauf hingewiesen werden, dass eine große Vielfalt an Definitionen und Vorstellungen über die ‚Lernende Organisation' und deren Ausgestaltung zu finden sind (vgl. z.B. Pawlowsky 1994, S.259), denn das Verständnis einer ‚Lernenden Organisation', was diese ausmacht und wann eine Organisation diesen „Status" innehat, ist sehr vielschichtig und unterschiedlich: Um dies zu verdeutlichen, führt *Wahren* (1996, S. 6 f.) eine Vielzahl von Definitionen der Begrifflichkeiten „Lernende Organisation", Lernendes Unternehmen" und „organisationales Lernen" aus der wissenschaftlichen Literatur exemplarisch an, die die verschiedenen Auffassungen – zumeist im Hinblick auf die jeweilige Sichtweise von Organisationen – zum Ausdruck bringen (vgl. Wahren 1996, S. 5 ff.)

Ein kleiner Überblick über mögliche Definitionen der lernenden Organisation soll verdeutlichen, welche Bandbreite in dieser Vorstellung liegt:

> „Ein lernendes Unternehmen ist eine Organisation, die den Lernprozeß aller ihrer Mitglieder fördert *und* sich gleichzeitig selbst fortwährend wandelt." (Pedler/Burgoyne/Boydell 1994, S. 11)

> „Die Lernende Organisation ist eine sich kontinuierlich verändernde Organisation, die Individuen, Gruppen und der Organisation als Ganzes auf der Basis von selbstorganisatorischen Lernprozessen eine Weiterentwicklung ermöglicht." (Kleingarn 1995, S. 50).

> Lernende Organisationen sind „Organisationen, in denen die Menschen kontinuierlich die Fähigkeit entfalten, ihre wahren Ziele zu verwirklichen, in denen neue Denkformen gefördert und gemeinsame Hoffnungen freigesetzt werden und in denen Menschen lernen, miteinander zu lernen" (Senge 1996, S. 11), „(...) - es ist eine Organisation, die kontinuierlich die Fähigkeit ausweitet, ihre eigene Zukunft schöpferisch zu gestalten" (Senge 1996, S. 24).

An diesen drei Definitionen lassen sich gewisse Unterschiede, aber auch Übereinstimmungen auf Anhieb feststellen. Trotzdem scheint bei jedem der Autoren eine andere Perspektive vorzuliegen.

Die Unübersichtlichkeit und Uneinigkeit in den konzeptionellen Ansätzen sowie das fehlende Umsetzungs- und Gestaltungsvermögen bringen *Pedler*, *Boydell* und *Burgoyne* (1991, S. 59) auf den Punkt:

> „Obwohl viele viel darüber sprechen, hat bisher niemand ein funktionierendes Arbeitsmodell für die lernende Organisation aufgestellt. Die Faszination des Konzeptes und die damit verbundenen Potentiale laufen parallel mit der Unklarheit über die Ausgestaltung der Realität. Kurz und bündig: Auf dem Weg von der Vision zur Wirklichkeit stehen wir noch davor, die Vision mit Leben zu füllen."

In der unternehmerischen Praxis findet der Gedanke einer Lernenden Organisation großen Anklang, doch verbergen sich auch hier die unterschiedlichsten Vorstellungen einer solchen, die von der Durchführung von Team- oder Projektarbeit bis hin zur Reduzierung von Durchlaufzeiten u.ä. reichen (vgl. Wahren 1996, S. 8 f.). Dies bringt praktisch begründete Merkmale einer Lernenden Organisation zum Ausdruck, die in der theoretisch-wissenschaftlichen Betrachtung eher untergehen, denen in der Praxis jedoch offensichtlich große Bedeutung eingeräumt wird. Allerdings unterstreichen die Einschätzungen der Praktiker die Uneinigkeit zum einen und die unheimliche Bandbreite zum anderen aufs Neue.

Als allgemeingefasste Ziele einer lernenden Organisation können angeführt werden:

1. ‚pädagogische' Aspekte (i.w.S.): die Erweiterung des Organisationswissens steht hier im Vordergrund.

2. Aspekte der Umweltanpassung: die möglichst reibungslose Anpassung an eine sich stetig verändernde Umwelt soll gewährleistet werden.

3. ökonomische Ziele: die Reduzierung von Kosten bei gleichzeitiger Verbesserung der Qualität sowie die Optimierung der Betriebsabläufe sind wichtige Faktoren dieser Zielsetzung.

4. Steigerung der Innovationsfähigkeit: eine effektivere und schnellere Prüfung der Produkte oder Dienstleistungen sowie eine möglichst schnelle Entwicklung neuer und innovativer Güter sind im Mittelpunkt des Interesses.

5. Organisationales Lernen wird als Instrument innerhalb der lernenden Organisation zur Realisierung und Integration aller genannten Punkte bzw. Ziele genutzt (vgl. Wahren 1996, S. 3).

Graphisch dargestellt, könnte man sich eine lernende Organisation bezüglich der stattfindenden Lernprozesse, der Träger des Lernens und der auf die Organisation einwirkenden Kräfte vereinfacht wie folgt vorstellen:

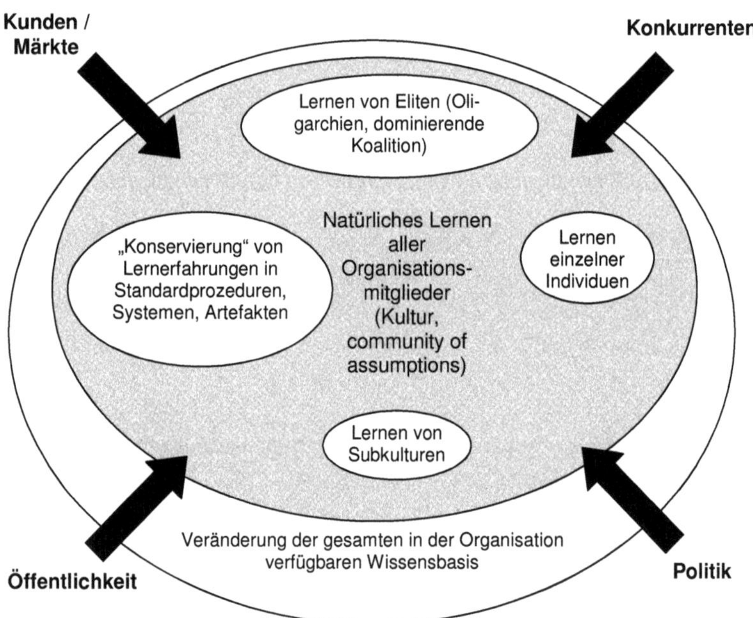

Abb. 14: Vereinfachte schematische Darstellung einer lernenden Organisation (Quelle: Sattelberger 1996, S. 16)

Es lassen sich zusammenfassend folgende Merkmale aus den bisher dargestellten Komponenten einer Lernenden Organisation ableiten:

Merkmale	Merkmalsausprägungen
Konsens der Organisationsmitglieder	• z.B. gemeinsame Vision (vgl. Senge 1996, S. 17 f. und S. 213 ff.)
Umweltorientierung der Organisation	• z.B. Anpassung an Veränderungen durch Selbsttransformation (vgl. Pedler, Boydell und Burgoyne 1991, S. 60)
Fördern von Lernprozessen	• kooperative Teams und Arbeitsgruppen (vgl. Bullinger et al. 1996, S. 18) • Team-Lernen; Beseitigung von Lernhemmnissen (vgl. Senge 1996, S. 19 f. bzw. S. 284 ff.; S. 28 ff.)
Konservierung und Distribution von Wissen	• Wissensverankerung durch Nutzung unterschiedlicher Wissensspeicher (vgl. Güldenberg 1999, S. 541 f.) • Aufbereitung und Kollektivierung von Wissen (vgl. Müller-Stewens/Pautzke 1996) • Schaffung einer organisationalen Wissensbasis (vgl. Pautzke 1989, S. 76 ff.)

Tab. 10: Merkmale und Merkmalsausprägungen lernender Organisationen
(Quelle: eigene Darstellung: in Anlehnung an Pieler 2003, S. 27)

3.5. Die Konzeption der Lernenden Organisation am Beispiel des eklektischen Ansatzes von Senge

Wiegand (1996) hat in seiner umfassenden Darstellung und Kategorisierung der Ansätze organisationalen Lernens die Konzeption *Senges* zu den eklektischen Ansätzen gezählt. Diese versuchen, die wesentlichen Aspekte mehrerer Ansätze zusammenzutragen und neue Schwerpunkte zu setzen. Die vage organisationstheoretische Fundierung und die unzureichende Bezugnahme auf integrierte Perspektiven sind Kritikpunkte an den eklektischen Ansätzen (vgl. Wiegand 1996, S. 273). Allerdings räumt Pawlowsky (1994, S. 259 Fußnote [1]) trotz ähnlicher Bedenken ein, dass sowohl die theoretischen Perspektiven als auch die eklektischen Übersichten „von zentraler Bedeutung sind, um das Phänomen organisationalen Lernens zu erfassen". Die Konzeption Senges soll hier unabhängig von

Wertungen der konzeptionellen Stimmigkeit bzw. Mängel als Beispiel für eine Konzeption einer lernenden Organisation dienen.
Die Grundannahmen, die *Senges* Ansatz zugrunde liegen, lassen sich wie folgt zusammenfassen (vgl. zusammenfassend auch Wiegand 1996, S. 274-276):

- Charakteristisch für die Organisationsumwelt und das Wettbewerbsumfeld sind ein „zurückgehendes Produktivitätswachstum sowie explosive technologische und politische Veränderungen" (Wiegand 1996, S. 274; vgl. Senge/Sterman 1992, S. 353).

- *Senge* (1996) vertritt die Auffassung, dass lernende Organisationen in besonderem Maße aufgrund der Lernwilligkeit der Individuen, die geradezu das Bedürfnis haben zu lernen, möglich sind:
  „Lernende Organisationen sind möglich, weil wir alle tief in unserem Innern ein intuitives Lernbedürfnis haben. (...) Lernende Organisationen sind möglich, weil das Lernen nicht nur in unserer Natur liegt, sondern weil wir leidenschaftlich gern lernen." (Senge 1996, S. 12). Die Entwicklung der modernen Industriegesellschaft hat mit wachsendem Wohlstand eine Veränderung des ‚Arbeitsbewusstseins' bei den Menschen ausgelöst, „hin zu einer mehr »heiligen« Sichtweise, bei der die »intrinsischen« Belohnungen der Arbeit im Vordergrund stehen" (Senge 1996, S. 13). Diese Lernbedürfnisse und das veränderte ‚Arbeitsbewusstsein', die „höheren Ziele des Menschen" (Senge 1996, S. 13) sind in der künftigen Organisationsgestaltung zu berücksichtigen (vgl. Senge 1996, S. 12-13).

- Die Organisationen sind momentan nicht lernfähig genug. Einzelne Personen, meist hochrangige Führungskräfte, lernen stellvertretend für die ganze Organisation (zum stellvertretenden Lernen des Management vgl. z.B. Conrad 1998, S. 39). Dies reicht aber aufgrund der ständig zunehmenden „Komplexität und Dynamik der Wirtschaft" (Senge 1996, S. 11) nicht mehr aus. Ziel muss deshalb die Intensivierung des Lernens in der Arbeit sein (vgl. Senge 1996, S. 11). Zudem werden sich in Zukunft die Kommunikationswege und -formen sowie die Führungskonzeptionen der Organisationen dadurch verändern, „daß sie wissen, wie man das Engagement und das Lernpotential auf *allen* Ebenen einer Organisation" (Senge 1996, S. 12) erschließen kann (vgl. Senge 1996, S. 12).

Diese „normativen Grundannahmen“ (Wiegand 1996, S. 275) zeigen sich auch in der bereits vorgestellten Definition der lernenden Organisation bzw. den Vorstellungen organisationalen Lernens (vgl. Wiegand 1996, S. 275).

Senge (1996, S. 15) spricht vom „Aufbau einer Organisation, die wahrhaft lernfähig ist, die ihre Fähigkeiten ständig weiterentwickelt, um ihre höchsten Ziele zu verwirklichen.“ Diese kontinuierliche Erweiterung der organisationalen Fähigkeiten intendiert somit eine „Höherentwicklung, die zu völlig neuartigen Handlungen befähigen soll“ (Wiegand 1996, S. 275). Um die Neu- und Ausgestaltung lernfähiger Organisationen schaffen zu können, ist „Metanoia“ (Senge 1996, S. 23), d.h. ein Umdenken, oder in der ursprünglichen Bedeutung, ein fundamentaler Wandel, erforderlich. ‚Metanoia‘ ist für *Senge* bedeutungsgleich mit „der tieferen Bedeutung von »Lernen«“ (Senge 1996, S. 23), da auch das Lernen ein fundamentales Umdenken bzw. eine tiefgreifende Sinnesänderung beinhaltet (vgl. Senge 1996, S. 12-24). In diesem Zusammenhang werden noch zwei Lernformen unterschieden: zum einen das „adaptive Lernen“ („adaptive learning“: Senge 1990, S. 8) und zum anderen das „schöpferische Lernen“ („generative learning“: Senge 1990, S. 8). Das „adaptive Lernen“ ist beinahe obligatorisch, aber überlebensnotwendig, stellt es doch die bessere Anpassung an die sich verändernden Umweltbedingungen sicher, während das „schöpferische Lernen“ in kreativer Form den ‚Horizont‘, die Weltsicht der Organisation („new ways of looking at the world“: Senge 1990, S. 8) erweitern soll, was mit dem Erkennen bzw. der Offenlegung von Lernhemmnissen innerhalb der Organisation einhergeht. Das „schöpferische Lernen“ beschreibt dabei ein qualitativ höherwertiges Lernniveau: „leading corporations are focussing on *generative* learning“ (Senge 1990, S. 8). Als Beispiel wird dabei die evolutionäre Entwicklung vom adaptiven zum schöpferischen Lernen in Japan angeführt (vgl. Senge 1990, S. 8 und Senge 1996, S. 24).

Für die Erreichung der Schaffung einer lernenden Organisation sind nach *Senge* (1996) fünf Disziplinen bzw. Komponenten erforderlich, die erst im Zusammenwirken ihre volle Kraft als Ganzes für die Organisation entwickeln können (vgl. Senge 1996, S. 21). Diese fünf Komponenten sind weder Erfindungen von *Senge*, noch sind sie neu: sie sind einzeln genommen das Ergebnis langer Studien und in ihrer Komplexität als anzustrebende ‚organisationale Wirkeinheit‘ Ergebnis von *Senges* Überzeugung, dass die Hauptursache der meisten Probleme der Menschen auf die „Unfähigkeit, die zunehmend komplexen Systeme der Welt zu begreifen und zu handhaben“ (Senge 1996, S. 25), zurückzuführen ist (vgl. Senge 1996, S. 24-25).

Die fünf Disziplinen stellen sich wie folgt dar:

(1) Systemdenken

Das Systemdenken ist entscheidend für die zu entwickelnde lernende Organisation, da die Organisation als verzweigtes System mit netzwerkartigen Strukturen gesehen wird, dessen Systemteile miteinander in vielfältigen Beziehungen stehen und aufeinander wirken. Nur durch systemisches Denken ist es möglich, diese Strukturen zu erkennen und sich ‚zurechtzufinden': „Das Systemdenken ist ein konzeptionelles Rahmenwerk, ein Set von Informationen und Instrumenten, das im Lauf der letzten fünfzig Jahre entwickelt wurde, damit wir die übergreifenden Muster klarer erkennen und besser begreifen, wie wir sie erfolgreich verändern können." (Senge 1996, S. 15). Durch die umfassende und systemübergreifende Art zu denken, können organisationale Probleme endgültig gelöst werden, anstatt sie in andere Teilbereiche des Systems zu verlagern. Dies ermöglicht die Konzentration auf ganze Veränderungsprozesse und nicht auf Ausschnitte aus dem System. Auch vor dem Hintergrund einer stetig wachsenden Komplexität hat das Systemdenken entscheidende Bedeutung: „Durch die Disziplin des Systemdenkens können wir die grundlegenden »Strukturen« von komplexen Situationen erkennen und zwischen Veränderungen mit starker und geringer Hebelwirkung unterscheiden." (Senge 1996, S. 89). Dies fördert eine ganzheitliche Sichtweise und bietet die Möglichkeit der Entwicklung neuer Denkweisen (vgl. Senge 1996, S. 15 und S. 75 ff.).
Das Systemdenken ist die integrative Komponente in *Senges* Ansatz, die alle Disziplinen miteinander verbindet und in ganzheitlicher Weise zusammenführt. Es fördert alle Komponenten und verhindert eine Isolierung der einzelnen Disziplinen, braucht diese umgekehrt aber ebenso, um das volle Potential entfalten zu können. Systemisches Denken sorgt für ein „fundamentales Umdenken" (Senge 1996, S. 22), eine neue Weltsicht, die Kernstück der lernenden Organisation ist (vgl. Senge 1996, S. 21 ff.).

(2) Personal Mastery

Diese Disziplin macht im Prinzip die persönlichen Ziele der Menschen zu der geistigen Grundlage der Organisation. Voraussetzung dazu ist aber die Fähigkeit des Einzelnen zur „Selbstführung und Persönlichkeitsentwicklung" (Senge 1996, S.173). Die Organisationsmitglieder müssen in diesem Sinne ein Interesse an persönlicher Weiterbildung und Lernen im allgemeinen haben, das Kennen und Definieren der eigenen (Lebens-)Ziele sowie das Streben nach persönlicher Zielerreichung zeichnet sie aus. Die ständige Aktualisie-

rung und Neufestsetzung dieser Ziele, die dem Einzelnen wirklich wichtig sind und eine realistische, den momentanen Begebenheiten entsprechende Einschätzung der Zielerfüllung sind die beiden grundlegenden Merkmale des ‚Personal Mastery'. Lernen bedeutet folglich in diesem Zusammenhang auch gleichzeitig Selektion der zur Verfügung stehenden Information, um das Ziel bzw. die Ziele nicht aus den Augen zu verlieren. Die Eigeninitiative ist also entscheidend, Anstöße von außen können unterstützend wirken.
Die lernende Organisation nutzt dieses Potential an Engagement und Eigeninitiative sowie das Streben nach Erfolg des Einzelnen für die Organisationsziele. Zudem handeln die so gestärkten Mitarbeiter im tieferen Sinne verantwortungsbewusst und lernen schneller. Das individuelle Lernen ist Grundvoraussetzung dafür, dass auch die Organisation lernen kann (vgl. Senge 1996, S. 16 f. und S. 171 ff.).

(3) Mentale Modelle

Bei mentalen Modellen handelt es sich um tiefverwurzelte, unbewusste, aber aktive ‚Vorstellungen', die sowohl die Wahrnehmung und deren Interpretation als auch die menschlichen Handlungen enorm beeinflussen. Im Managementsystem sind diese mentalen Modelle ebenfalls zu finden, zumeist im Zusammenhang mit Handlungsalternativen in verschiedenen Situationen. So werden möglicherweise notwendige Veränderungen nicht durchgesetzt und richtungsweisende Erkenntnisse nicht umgesetzt, da machtvolle mentale Modelle den neuen Ideen widersprechen.
Die Veränderung der vorherrschenden mentalen Modelle muss das Ziel sein, um alte Strukturen aufbrechen und neue etablieren zu können. Man muss sich folglich über die aktuellen mentalen Modelle erst bewusst werden, um sie kritisch hinterfragen zu können und die mentalen Modelle den momentanen Anforderungen anzupassen. Dieser Prozess des Aufdeckens mentaler Modelle erfordert hohe kommunikative Fähigkeiten und eine erhebliche Offenheit von den Beteiligten. In diesem Rahmen bedeutet Lernen auch die Erarbeitung neuer Denkweisen und Modelle. Im Umgang mit mentalen Modellen ist die Fähigkeit des Systemdenkens äußerst bedeutsam und hilfreich (vgl. Senge 1996, S. 17 f. und S. 213 ff.).

(4) Gemeinsame Vision

In der lernenden Organisation wird eine gesamtorganisationale Vision, gebraucht, „(...) weil sie den Schwerpunkt und die Energie für das Lernen liefert." (Senge 1996, S. 252). Es geht *Senge* (1996, S. 18) vor allem um die richtige, die „echte Vision", ein Zukunftsleitbild, das von allen Organisationsmitgliedern getragen und nicht von Einzelnen (‚von oben') allen aufgezwungen wird. Diese wahre gemeinsame Vision zeichnet sich dadurch aus, dass sie die persönlichen Visionen der Organisationsmitglieder widerspiegelt. Denn nur dann weckt ein solches Leitbild das persönliche, ernsthafte Engagement und die Begeisterung der Menschen, dann lernen die Menschen aus eigenem Antrieb und erst dann ist generatives Lernen möglich. Durch eine solche gemeinsame Vision wird auch die Beziehung der Menschen zur Organisation verändert: die Identifikation mit der Organisation ist eine weitaus größere und erlangt eine andere qualitative Ebene, weil die Menschen für etwas eintreten, das ihren Vorstellungen entspricht. Dies verbessert die organisationale Zielgerichtetheit enorm. Auch die Lernprozesse bzw. das Lernen an sich profitieren von einer gemeinsamen Vision: „Lernen kann schwierig, sogar schmerzlich sein. Wenn wir eine gemeinsame Vision haben, sind wir eher bereit, unsere Denkweisen offenzulegen, tiefverwurzelte Überzeugungen aufzugeben und persönliche und organisationelle Fehler einzugestehen" (Senge 1996, S. 256). Letztlich fördert eine gemeinsame Vision auch das systemische Denken im Management, da eine langfristige Vision zum langfristigen Denken animiert. In der dargestellten Form ist die ‚Vision' ein Bestandteil kollektiven Lernens (vgl. Senge 1996, S. 18 f. und S. 251 ff.).

(5) Team-Lernen

Teams können durch die richtige Koordination und Zusammenarbeit weitaus bessere Ergebnisse und einen schnelleren Lernfortschritt jedes Einzelnen erzielen, als jeder alleine dies schaffen könnte. Die wesentlichen Merkmale des Team-Lernens sind dabei die Aufhebung der eigenen (störenden) Annahmen und die Öffnung für ein gemeinsames Denken. Der Dialog ist ebenfalls eine wichtige Komponente, denn durch den Dialog können lernhemmende Interaktionsstrukturen innerhalb der Gruppe identifiziert werden. *Senge* (1996, S. 19 f.) sieht in Teams „(...) die elementare Lerneinheit in heutigen Organisationen (...)". Entscheidend ist die gemeinsame Ausrichtung (‚Vision') des Teams, um kontinuierliches Lernen zu gewährleisten und die Fähigkeit auszubilden, die anvisierten Ziele zu erreichen (vgl. Senge 1996, S. 19 f. und S. 284 ff.).

Zusammenfassend kann die Konzeption der lernenden Organisation nach *Senge* (1996) als große Vision, die einen tiefgreifenden Wandel voraussetzt, bezeichnet werden. Die fünf als „persönliche Disziplinen" (Senge 1996, S. 20) konzipierten Lerndisziplinen werden von der sog. fünften Disziplin, dem Systemdenken umschlossen, das sich durch den integrativen Charakter auszeichnet. Ausgangs- und Ansatzpunkt ist eine Veränderung des Denkens und Handelns der Organisationsmitglieder und die Integration des Lernens in den Organisationsalltag. Dazu ist es notwendig, dass die Organisationsmitglieder in intensiver Beschäftigung mit sich selbst ihre persönlichen Ziele setzen, da diese in die Organisationsziele in gewissem Maße einfließen. Dialog und Kommunikation sind wichtige Merkmale der lernfähigen und -willigen Menschen. Entlang einer ständig präsenten, handlungsleitenden und richtungsweisenden ‚gemeinsamen Vision' werden über das gewollte individuelle Lernen und das Team-Lernen eine kollektives Lernen der Organisation ermöglicht.

3.6. Die Theorien organisationalen Lernens

Aufgrund der Fülle von Ansätzen des organisationalen Lernens und der damit verbundenen Flut an Veröffentlichungen kann in diesem Rahmen nur ein gestraffter Überblick über den aktuellen Stand und die ‚etablierten' Ansätze gegeben werden (für einen ausführlichen Überblick vgl. Wiegand 1996, S. 178 ff.).

Wie bei den Konzeptionen der lernenden Organisation herrschen auch bei den Theorien organisationalen Lernens verschiedene Perspektiven vor, die die Ausgestaltung der jeweilig zuzuordnenden Ansätze steuern. Drei der vier bei *Wiegand* (1996) aufgeführten Perspektiven mit je einem ‚typischen Vertretern' sollen hier wiedergegeben werden, auf die ‚Ansätze zu Lern- und Erfahrungskurven' wird hier verzichtet:

Perspektiven Organisationalen Lernens	Typische Vertreter
Organizational learning as adaption	March/Olsen (1975)
Organizational learning as assumption sharing	Argyris/Schön (1978; 2002, 1996 i.Orig.)
Organizational learning as developing knowledge of action-outcome relationsships (wissensbasierte Ansätze)	Pautzke (1989)

Tab. 11: Zuordnung typischer Vertreter zu den Perspektiven Organisationalen Lernens (Quelle: eigene Darstellung; in Anlehnung an Wiegand 1996, S. 178)

Eine Begriffsbestimmung oder Definition organisationalen Lernens ist ebenso problematisch wie bei der lernenden Organisation. Viele Definitionsversuche sind vage und teilweise mehrdeutig (vgl. Conrad 2001). Dennoch sollen auch hier einige Definitionen zur Annäherung an das Thema aus dem breiten Spektrum vorgestellt werden (für einen ‚umfassenden' Überblick über mehr als 20 verschiedene Definitionen vgl. Greschner 1996, S. 103-104):

> „Organizational learning occurs when members of the organization act as learning agents for the organization, responding to changes in the internal and external environment of the organization by detecting and correcting errors in organizational theory-of-use, and embedding the result of their inquiry in private images and shared maps of organization." (Argyris/Schön 1978, S. 29; vgl. Argyris/Schön 2002, S. 31 f.).

> Entsprechend des Ansatzes von *Pautzke* (1989) wird „organisatorisches Lernen als die Nutzung, Veränderung und Fortentwicklung der organisatorischen Wissensbasis definiert." (Pautzke 1989, S. 106).

> „Organisatorisches Lernen ist der kontinuierliche Veränderungsprozeß von Organisationen, der von Individuen, Gruppen und der Organisation als Ganzes getragen wird und diesen auf der Basis von selbstorganisatorischen Lernprozessen eine Weiterentwicklung ermöglicht." (Kleingarn 1995, S. 50).

Um sich dem Begriff des organisationalen Lernens zu nähern, spricht *Pautzke* (1989, S. 104) von zwei in der Literatur erkennbaren, grundsätzlichen Strategien: entweder wird organisationales Lernen als stellvertretendes Lernen von Organisationsmitgliedern verstanden oder es wird versucht, Prozesse zu identifizieren, „die ein Lernen von Organisationen jenseits einer Personifizierung erklären können". Eine parallele Verfolgung beider Ansätze ist die Regel. Vier Fassungen des Verständnisses organisationaler Lernprozesse werden angeboten (vgl. Pautzke 1989, S. 104 ff.; s. a. Abb. 14):

(1) Lernen einer Elite:

Diese Auffassung beschreibt den Zusammenhang zwischen Lernen und Macht, da sie davon ausgeht, dass die dominierende ‚Gruppe' der Organisation stellvertretend für die diese lernt, d.h., dass durch individuelles Lernen erworbene Wissen fließt mit großer Wahrscheinlichkeit in die organisationalen Entscheidungsprozesse ein. Allerdings ist diese Fassung sehr eng und berücksichtigt in übergroßem Maße den Machtaspekt, während das ‚versteckte' (häufig implizite) Wissen der Organisationsmitglieder weitgehend ausgeklammert wird (vgl. Pautzke 1989, S. 104 f.).

(2) Veränderung eines von allen geteilten Wissens:

Eine in der Literatur weit verbreitete Meinung, die jeweils andere Bezeichnungen trägt, ist das organisatorische Lernen durch Veränderung eines gemeinsamen Wissensbestandes. Auch diese Begriffsfassung erscheint vor dem Hintergrund einer „großen Menge kontextspezifischen Wissens" (Pautzke 1989, S. 106), das keine Berücksichtigung findet, als zu eng (vgl. Pautzke 1989, S. 105 f.).

(3) Organisationales Lernen als Nutzung, Veränderung und Weiterentwicklung der Wissensbasis der Organisation:

Im Mittelpunkt dieser Fassung steht das der Organisation zur Verfügung stehende Wissen bei bewusster Ausklammerung der Lernprozessträger. Dies schließt das ausschließlich bei Subsystemen oder Individuen vorhandene Wissen, das für die Organisation verfügbar ist, ein. Daher gilt diese Begriffsfassung aufgrund der Einbeziehung des organisational verstreuten Wissens als eher weit gefasst. Der Schwerpunkt liegt folglich nicht auf den Personengruppen an sich, die lernen, sondern auf den Personen im Allgemeinen, die das erlernte Wissen in der Organisation einsetzen können (vgl. Pautzke 1989, S. 106 f.).

(4) Veränderungen und Wissensspeicherung der Organisation:

Neben den eher personenorientierten Begriffsfassungen kann auch als organisationales Lernen gelten, wenn die Lernerfahrungen in Standardprozeduren, Normen, Verfahren, Strukturen, usw. einfließen und somit gespeichert werden. Diese Wissensspeicherung ist folglich ohne Rückgriff der Organisation auf die Gedächtnisse der Mitarbeiter möglich. Eine solche Fassung stellt die organisationale Wissensspeicherung eines Lernprozesses in Form einer „organisatorischen Verkörperung" (Pautzke 1989, S. 108) dar (vgl. Pautzke 1989, S. 107 f.).

Die Träger organisationaler Lernprozesse lassen sich *Conrad* (1998) folgend aus den verschiedenen Konzeptualisierungen organisationalen Lernens erschließen. Da die drei von

Conrad (1998, S. 38 f.) genannten Aspekte im Laufe der Arbeit bereits an verschiedenen Stellen formuliert wurden, soll hier auf weitere Ausführungen verzichtet werden, die personalen und a-personalen Lernprozessträger aber werden anhand der folgenden Abbildung (Abb. 15) verdeutlicht:

Individuum	Unternehmer Top Manager	Management-gruppen	Management-systeme	Organisation
Lernen für sich Individuelles Lernen	Lernen für die Organisation vikarisches Lernen		Lernen der Organisation organisationales Lernen	

Abb. 15: Personale und a-personale Träger des Lernprozesses
(Quelle: Conrad 1998, S. 39; in Anlehnung an Staehle 1994, S 864)

Eine Untergliederung des Lernprozesses in verschiedene Lernebenen ist wohl nahezu bei allen Ansätzen zu finden. Nachstehende Tabelle (Tab. 12) soll einige der bekanntesten und in dieser Arbeit zumeist aufgeführten Autoren und ihre Lernebenen aufzeigen:

Autoren	**-niedrig---------------- Niveau der Lernebenen ---------------hoch-**
Argyris/Schön (1978)	Single-Loop-Learning ----- Double-Loop-Learning ----- Deutero-Learning
Hedberg (1981)	Adjustment Learning ------ Turnover Learning ------ Turnaround Learning
Senge (1990)	Adaptive Learning --- Generative Learning
Pawlowsky (1992)	Idionsynkratische Adaption --- Umweltadaption --- Problemlösungslernen
Probst/Büchel (1994)	Anpassungslernen ------------ Prozeßlernen ------------- Evolutionslernen

Tab. 12: Ebenen organisationaler Lernprozesse
(Quelle: eigene Darstellung: in Anlehnung an Greschner 1996, S. 122)

Einer der bekanntesten und am meisten rezipierten Ansätze ist der individuumsorientierte Ansatz von *Argyris/Schön* (vgl. Wiegand 1996, S. 201). Auf eine weitere ausführliche Rezipierung soll an dieser Stelle verzichtet werden, einige Ausführungen sollen aber getätigt werden.

In der Konzeption von *Argyris/Schön* „ist der unmittelbare Zusammenhang von Lernen, Handeln und Wissen entscheidend" (Wiegand 1996, S. 207). Die Handlungstheorien (theories-of-action) sind für die Bündelung und Konservierung des Wissen zuständig, wobei diese zunächst allgemeine Merkmale aufweisen (vgl. Argyris/Schön 1978, S. 4 f.). Dabei wird in handlungsleitende Theorien (theories-in-use) und vertretene Theorien (espoused-theories) unterschieden, wobei die handlungsleitenden Theorien stärker eingeschätzt werden (vgl. Argyris/Schön 202, S. 87 f.). Eine organisationale Handlungstheorie, die den sich ständig wandelnden Wissensspeicher der Organisation darstellt (vgl. Argyris/Schön 1978, S. 20), ist die Voraussetzung für die Lernebenen-Konzipierung in diesem Ansatz (vgl. Wiegand 1996, S. 211).

Die Lernebenen werden, wie aus Tabelle 12 ersichtlich, in drei Niveaus eingeteilt: das Single-loop-learning, das double-loop-learning und das deutero learning. Single-loop-learning bedeutet in erster Linie eine Erkennung von Fehlern und deren Korrektur (vgl. Argyris/Schön 1978, S. 18 f.), während es beim double-loop-learning um die Infragestellung von grundsätzlichen Annahmen, deren Veränderung und Einbettung in die organisationalen ‚Karten' (images and maps of organization) geht (vgl. Argyris/Schön 1978, S. 24 f.). Beim deutero learning, das in „vager Anlehnung" (Wiegand 1996, S. 214) an Bateson (1983) zu sehen ist, muss die Organisation bzw. müssen die ‚Lernagenten' herausfinden, wie die beiden genannten Ebenen funktionieren und wie sie beeinflussbar sind.

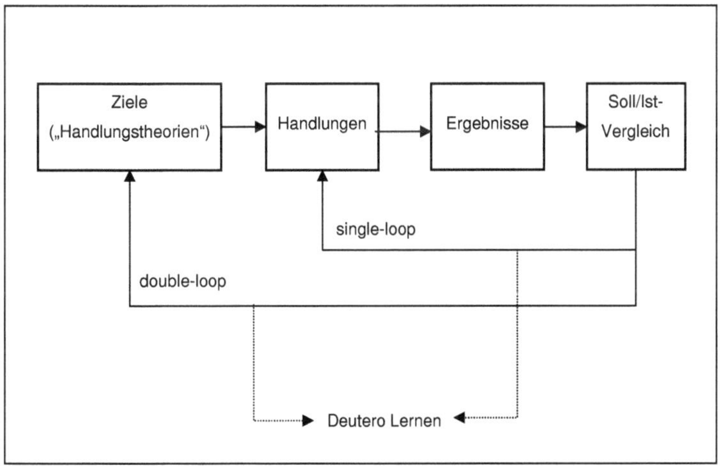

Abb. 16: Lernebenen nach Argyris/Schön
(Quelle: Schreyögg/Eberl 1998, S. 517)

3.7. Kritik an den Konzeptionen der Lernenden Organisation und den Ansätzen organisationalen Lernens

Es gibt kein Konzept, das weithin akzeptiert wird und die Uneinigkeit bezüglich der Definitionen ist immens (vgl. Wiegand 1996, S. 309). Dem Konstrukt des organisationalen Lernens stehen zu hohe Erwartungen hinsichtlich des theoretischen und praktischen Stellenwerts gegenüber, die es zu einer Management-Mode degradieren könnte oder das Konstrukt „zum Allerweltsbegriff ohne großen Erklärungswert" (Conrad 2001, S. 160) verkommt (vgl. Conrad 2001, S. 160). In der momentanen Forschung scheint der Schwerpunkt auf Fragen der Gestaltung der zumeist unscharfen Theorien zu liegen, während die empirische Prüfung und die (empirische) „Bestimmung ihrer Lösungskapazität" (Conrad 2001, S. 160) eindeutig vernachlässigt wird (vgl. Schreyögg/Eberl 1998, S. 532 f.). Die Gestaltungsmaßnahmen werden dabei häufig „allzu unkritisch und unreflektiert proklamiert" (Schreyögg/Eberl 1998, S. 534).

In der Verbindung von organisationalem Lernen und Wissen sieht *Wiegand* (1996, S. 317 f.) zumindest zwei Aspekte, die bei fast allen Ansätzen zu kritisieren sind:

- Es wird nicht klar, welche Lernformen zu welchem Wissen (bez. der Wissensarten) führen, die retrograde Ableitung der Lernprozesse aus den definierten Wissensarten ist lediglich eine Kategorisierung.

- Meistens findet keine Spezifizierung der Ebene des Wissenserwerbs statt und inwieweit das erworbene Wissen für die Organisationsmitglieder, Gruppen oder die gesamte Organisation zur Verfügung steht und nutzbar ist. Dies kann dafür sorgen, dass Lern- und Wissensebene nicht übereinstimmen.

Im Hinblick auf die Konzeption *Senges* (1996) kann die unzureichende organisationstheoretische Fundierung kritisiert werden. Dies ist u.a. Folge der eklektischen Ausrichtung des Ansatzes. Zudem ist trotz des Augenmerks auf systemischen Denkens keine systemtheoretische Konzeptualisierung erkennbar (vgl. Wiegand 1996, S. 279 f.).

Den Forschungsstand zu organisationalem Lernen charakterisiert *Wiegand* (1996, S. 322; kursiv i. Orig.) in kurzen Worten wie folgt:

„Kategorisierung und Systematisierung geht vor Konzeptionalisierung“ (bez. einer ausführlichen kritischen Würdigung der Ansätze und verschiedener Aspekte des organisationalen Lernens vgl. Wiegand 1996, S. 309-322).

4. Der Zusammenhang der Ansätze des Change Managements und der Lernenden Organisation

In diesem Kapitel soll die vergleichende Betrachtung der beiden vorgestellten Konzeptionen erfolgen. Eine kurze Zusammenfassung soll in die Frage nach dem Verhältnis einleiten. Die entscheidenden Zusammenhänge lassen sich vermutlich ohnehin nicht gesamtkonzeptionell erfassen bzw. betrachten. Es sind die kleineren Zusammenhänge, die hier ebenfalls von Interesse sind, deshalb seien jetzt einmal Fragen in den Raum gestellt, die für eine Umsetzung der Konzeptionen durchaus interessant sein dürften. Sie sollen gleichzeitig als Anregung dienen und als Teil der zu behandelnden Fragestellung gelten:

Wie hängen also (organisationales) Lernen, Handeln bzw. Verhalten und Wissen zusammen?

Wo ist das Entscheiden einzuordnen?

Wie groß ist der Anteil, den das Lernen in einer Organisation tatsächlich haben kann?

Wie hängen Lernen und Wandel zusammen?

Welchen Einfluss haben Faktoren wie Macht, Politik u.ä.?

Wie ist die Verbindung von Akteuren im Wandel und Trägern von organisationalen Lernprozessen einzuschätzen?

Inwieweit beeinflussen die Interessen der Akteure die Lernfähigkeit bzw. die Fähigkeit zum Wandel?

Es gibt noch viele ähnliche Fragen im Zusammenhang mit diesen umfassenden Konzeptionen, ob sie restlos beantwortet werden können, ist allerdings fraglich. Mit der Klärung eines Zusammenhangs unter Berücksichtigung solcher – eben formulierter – Fragestellungen wäre es aber durchaus denkbar, eine Konzeption kreieren zu können, die die wesentlichen Merkmale von Change Management und Lernender Organisation vereint und möglicherweise umsetzbar ist.

4.1. „Vergleich“ der Konzeptionen des Change Management und der Lernenden Organisation

Der Change Management Konzeption können folgende Merkmale zugeordnet werden:

- Change Management ist kein geschlossenes, kein lückenloses Konzept, sondern besteht aus vielen Bausteinen (vgl. Reiß et al. 1997, S. V).
- Die kontinuierliche Planung und Durchführung von Veränderungsprozessen ist ihr Anliegen.
- Sowohl der Wandel 1. als auch 2. Ordnung können innerhalb der Konzeption durch verschiedene Ansätze angegangen werden.
- Der Erfolg des Veränderungsprozesses hängt nicht zuletzt von den Akteuren und deren Engagement (Promotoren; Koalitionen) ab.
- Zahlreiche Instrumente bzw. Inhaltskonzepte stehen zur Verfügung, um Veränderungsprozesse zu initiieren.
- Die angestrebte Nachhaltigkeit des Wandels weicht zu oft einer kurzfristigen Lösung, die zu Beginn erfolgreich zu sein scheint.

Dem Konzept der Lernenden Organisation lassen sich folgende Merkmale zuteilen:

- Lernen und Wissen werden zu bestimmenden Faktoren der Organisation.
- Team- und Gruppenarbeit wird weiter gefördert, besonders hinsichtlich der Gruppe als Lerneinheit.
- Durch Lernen soll eine kontinuierliche Verbesserung (`= Wandel?; Anm. d. A.) geschaffen werden.
- Die Organisationsstrukturen werden flexibler.
- Die Bedürfnisse des Menschen werden als ‚hohes Ziel' verstanden.
- Die Kommunikationsfähigkeit verbessert sich.
- In ihrer Veränderung sind lernende Organisationen nicht nur reaktiv, sondern aktiv durch die stetigen Verbesserungsbestrebungen.

- Lernende Organisationen besitzen die Fähigkeiten zur Erweiterung der Wissensbasis, zur Erhöhung der Effektivität und zur Weiterentwicklung im Sinne einer Höherentwicklung (vgl. Kleingarn 1995, S. 58 ff.)

Anhand dieser (unvollständigen) Auflistungen erkennt man, dass sich diese beiden Konzeptionen in erster Linie durch die unterschiedliche Fundierung unterscheiden. Während beim CM das theoretische ‚Wandelgerüst' mit all seinen Faktoren zu sehen ist, baut die LO auf den Lerntheorien und der Organisationstheorie auf. Die Zielsetzung und die Beschreibung dessen, was erreicht werden soll, klingt beinahe identisch – zumindest inhaltlich.

Im Wandelverständnis liegt einer der größten Gegensätze der Konzeptionen – solange man die OE als ausreichend großen Bestandteil der CM-Konzeption betrachtet.

Möglicherweise aus diesem Grund findet sich in der Literatur immer wieder die Betonung des Einsatzes von CM hinsichtlich des radikalen Wandels (vgl. z.B. Kostka/Mönch 2002, S. 9 oder Reiß 1997, S. 9). Das unterschiedliche Wandelverständnis sei hier nochmals gezeigt:

Organisationsentwicklung	**Lernende Organisation**
Wandel als Sonderfall/ Ausnahme	Wandel als Normalfall
Wandel als separates Problem	Wandel endogen; Teil der Systemprozesse
Direktsteuerung des Wandels	Indirekte Steuerung des Wandels
Wandel durch (externe) Experten; Organisation als Klient	Wandel als generelle Kompetenz der Organisation

Tab. 13: Wandelbegriffe im Vergleich
(Quelle: Schreyögg/Noss 1995, S. 179)

4.2. Change Management als Basiskompetenz der Lernenden Organisation oder die Lernende Organisation als Voraussetzung für erfolgreiches Change Management?

Für *Pieler* (2003, S. 33) ist Change Management neben Bildungs-, Wissens- und Culture Management eine von vier Basiskompetenzen der Lernenden Organisation. Change Management ist in diesem gedanklichen Rahmen „die gezielte und gesteuerte Veränderung von Organisationen“ (Pieler 2003, S. 33). Alle vier genannten Aspekte sind dabei interdependent (vgl. Pieler 2003, S. 33 f.).

Auch *Kleingarn* (1995, S. 36) sieht Change Management als Grundvoraussetzung für die Lernenden Organisation: „Insoweit stellt das Beherrschen des geplanten organisatorischen Wandels eine Grundvoraussetzung dar, um das Entwicklungsniveau einer lernenden Organisation zu erreichen.“
Zu den beiden bereits dargestellten Definitionen zu Lernender Organisation und organisationalem Wandel hat *Kleingarn* (1995, S. 50) auch die dementsprechend passende Change Management-Definition parat:

„Change Management ist die Gestaltung und Lenkung des kontinuierlichen Veränderungsprozesses von Organisationen, der von Individuen, Gruppen und der Organisation als Ganzes getragen wird und diesen auf der Basis von selbstorganisatorischen Lernprozessen eine Weiterentwicklung ermöglicht.“

Verknüpft man diese mit der Definition der Lernenden Organisation, erhält man folgende verkürzte Fassung, die das Verhältnis zum Ausdruck bringt:

„Change Management ist die Gestaltung und Lenkung der lernenden Organisation.“ (Kleingarn 1995, S. 50).

Dagegen gibt es einige Autoren, die die Lernende Organisation als Konzept des Change Management betrachten:
Reiß (1997) ordnet das organisationale Lernen allgemein den Wandelkonzepten zu (vgl. Reiß 1997, S. 10) und sieht in der Lernenden Organisation eines der Modelle des Change Managements. Begründet wird dies mit zwei Komponenten, die in allen Wandelmodellen zu finden sind: die Was-Komponente, die den Inhalt der Veränderung beschreibt und die

Wie-Komponente, die die Infrastruktur für den Wandel schaffen will. Zu der letzteren Komponente wird die Lernende Organisation gezählt, die somit generisches Potential produziert (vgl. Reiß 1997, S. 22 f.).

Bei *Schreyögg/Noss* (1995) gilt die LO als geeignetes Konzept des Wandels, das die OE als Wandelkonzept ablösen soll. Die Gründe liegen u.a. im Wandelverständnis (s.o.). Die LO wird als aussichtsreicher Kandidat für die notwendige Um- bzw. Neuorientierung beschrieben. Durch die Lernorientierung, dem Verständnis von „Lernprozessen als Basismodus" (Schreyögg/Noss 1995, S. 176) kann die geforderte Fähigkeit zum Wandel in Form eines stetigen Lernprozesses die Dynamik der Organisation aufrechterhalten (vgl. Schreyögg/Noss 1995, S. 176)

4.3. Zusammenfassende Betrachtung: Wie sind die beiden Konzeptionen zu verbinden und nutzbar zu machen bzw. wie hängen sie zusammen?

Das Verhältnis ist nach diesen Aussagen nicht viel klarer als zuvor, und doch: durch den ausschließlichen Charakter, den jede der beiden ‚Meinungen' impliziert, wird der Weg möglicherweise offenbar – eine Kombinierung der Konzeptionen in den wesentlichen Teilen mit Bekräftigung des Lernaspektes könnte eine zukünftige Lösung sein.

In der Literatur sind insgesamt zum Verhältnis der beiden Konzeptionen nur wenige Aussagen zu finden, meist wird – wie in den dargestellten Fällen – die eine Konzeption der anderen ‚unterstellt'.

Für die Beziehungen zwischen Lernen, Handeln und Wissen gibt es folgendes zu sagen:

- Die Lerninteressen der Organisationsmitglieder beeinflusst naturgemäß das Lernen der Organisation. Zudem spielt die Bereitschaft, das eigene Wissen zu teilen bzw. ‚freizugeben' eine große Rolle (vgl. Hanft 1996, S. 135).
- Macht ist sicherlich ein ausschlaggebender Faktor für die Bereitstellung von Wissen und das Einbringen erlernter ‚Verhaltensweisen'.
- Die Verbindung von Akteuren des Wandels und den Trägern der Lernprozesse könnte leicht hergestellt werden: Wer den Wandel will, der wird auch lernen – die motiva-

tionale Komponente und der Wille des Einzelnen oder der Gruppe (Koalition) kann vermutlich das ‚Zünglein an der Waage' eines Lernprozesses sein.

Die organisatorische Wandelfähigkeit wird von *Schreyögg/Noss* (1995) als kritischer Erfolgsfaktor von Unternehmen gesehen. Geht man tatsächlich ausgehend vom ‚Wandel' vor, müsste dies unabhängig von den verschiedenen Konzeptionen möglich sein. Dies würde bedeuten, dass ein Perspektivwechsel auch das Verhältnis dieser Konzeptionen schlagartig ändern würde. In diesem Sinne sei noch eine abschließende Frage zur Reflexion gestellt:

Ist organisationales Lernen in einer sog. Lernenden Organisation zur Beibehaltung der Wettbewerbsfähigkeit und kontinuierlichen Verbesserung nicht gleichbedeutend mit Change Management?

5. Literaturverzeichnis

Aebli, Hans (1980): Denken: das Ordnen des Tuns, Band 1: Kognitive Aspekte der Handlungstheorie, Stuttgart.

Argyris, Chris; Schön Donald A. (1978): Organizational learning: A theory of action perspective, Reading, Mass.

Argyris, Chris; Schön Donald A. (2002): Die Lernende Organisation: Grundlagen, Methode, Praxis, 2. Auflage, Stuttgart.

Bandura, Albert (1976): Die Analyse von Modellierungsprozessen, in: Bandura, Albert (Hrsg.): Lernen am Modell: Ansätze zu einer sozial-kognitiven Lerntheorie, Stuttgart.

Bandura, Albert (1979): Sozial-kognitive Lerntheorie, Stuttgart.

Bandura, Albert (1986): Social foundations of thought and action, Englewood Cliffs, NJ.

Bateson, Gregory (1983): Ökologie des Geistes:Anthropologische, psychologische, biologische und epistemologische Perspektiven, 6. Auflage, Frankfurt a. Main.

Berger, Ulrike; Bernhard-Mehlich, Isolde (1999): Die Verhaltenswissenschaftliche Entscheidungstheorie, In: Kieser, Alfred (Hrsg.; 1999): Organisationstheorien, 3., überarbeitete und erweiterte Auflage, Stuttgart, Berlin, Köln, S. 133-168.

Bower, Gordon H.; Hilgard Ernest R. (1983): Theorien des Lernens, Band 1, 5., veränderte Auflage, Stuttgart.

Bower, Gordon H.; Hilgard Ernest R. (1984): Theorien des Lernens, Band 2, 3., veränderte Auflage, Stuttgart.

Bullinger, Hans-Jörg ; Bettreich-Teichmann, Werner ; Gidion, Gerd ; Schäfer, Martina ; Wiemann, Gudrun (1996): Management kreativer Unternehmen: Die Beherrschung von Strukturen und Prozessen lernender Organisationen, in: Bullinger, Hans-Jörg (Hrsg.): Lernende Organisationen: Konzepte, Methoden und Erfahrungsberichte, Stuttgart, S. 13-39.

Conrad, Peter (1998): Organisationales Lernen – Überlegungen und Anmerkungen aus betriebswirtschaftlicher Sicht, in: Geißler, Harald; Lehnhoff, Andre; Petersen, Jendrik (Hrsg.): Organisationslernen im interdisziplinären Dialog, Weinheim.

Conrad, Peter (2001): Mitarbeiterführung in der lernenden Unternehmung, in: Arnold, Rolf; Bloh, Egon (Hrsg.): Personalentwicklung im lernenden Unternehmen, Hohengehren.

Doppler, Klaus; Lauterburg, Christoph (2000): Change-Management: den Unternehmenswandel gestalten, 9. Auflage, Frankfurt a. Main, New York.

Eckardstein, Dudo von; Kasper, Helmut; Mayrhofer, Wolfgang (Hrsg.; 1999): Management: Theorien – Führung – Veränderung, Stuttgart.

Eckardstein, Dudo von; Seidl, Martin (1999): Lean Management, in: Eckardstein, Dudo von; Kasper, Helmut; Mayrhofer, Wolfgang (Hrsg.): Management: Theorien – Führung – Veränderung, Stuttgart, S. 431-459.

Edelmann, Walter (1996): Lernpsychologie, 5., vollständig überarbeitete Auflage, Weinheim.

Eisenführ, Franz (2000): Einführung in die Betriebswirtschaftslehre, 3. Auflage, Stuttgart.

Filley, Alan C.; House, Robert J.; Kerr, Steven (1976): Managerial process and organizational behavior, 2. Auflage, Glenview, Ill.

Gemünden, Hans Georg; Walter, Achim (1996): Förderung des Technologietransfers durch Beziehungspromotoren, in: Zeitschrift für Organisation 65 (4) 1996, S. 237-245.

Gemünden, Hans Georg; Walter, Achim (1995): Der Beziehungspromotor: Schlüsselperson für inter-organisationale Innovationsprozesse, in: Zeitschrift für Betriebswirtschaft 65 (9) 1995, S. 971-986.

Greschner, Jürgen (1996): Lernfähigkeit von Unternehmen: Grundlagen organisationaler Lernprozesse und Unterstützungstechnologien für Lernen im strategischen Management, Frankfurt a. Main, usw.

Greve, Werner (2002): Handlungstheorien, in: Frey, Dieter; Irle, Martin (Hrsg.): Theorien der Sozialpsychologie, Band II: Gruppen-, Interaktions- und Lerntheorien, 2., vollständig überarbeitete und erweiterte Auflage, Bern, usw., S. 300-325.

Güldenberg, Stefan (1999): Wissensmanagement, in: Eckardstein, Dudo von; Kasper, Helmut; Mayrhofer, Wolfgang (Hrsg.): Management: Theorien – Führung – Veränderung, Stuttgart, S. 521-547.

Hammer, Michael; Champy, James (1994): Business Reengineering: Radikalkur für das Unternehmen, 2. Auflage, Frankfurt a. Main, New York.

Hanft, Anke (1996): Organisationales Lernen und Macht – Über den Zusammenhang von Wissen, Lernen, Macht und Struktur, in: Schreyögg, Georg; Conrad, Peter (Hrsg.): Managementforschung 6: Wissensmanagement, Berlin, New York, S. 133-162.

Hauschildt, Jürgen (1991): Managementrolle: Innovator, in: Staehle, Wolfgang H. (Hrsg.): Handbuch Management: die 24 Rollen der exzellenten Führungskraft, S. 225-239, Wiesbaden.

Hauschildt, Jürgen (1997): Innovationsmanagement, 2., völlig überarbeitete und erweiterte Auflage, München.

Hauschildt, Jürgen; Chakrabarti, Alok K. (1988): Arbeitsteilung im Innovationsmanagement: Forschungsergebnisse, Kriterien und Modelle, in: Zeitschrift für Organisation 57 (6) 1988, S. 378-389.

Holzkamp, Klaus (1995): Lernen: subjektwissenschaftliche Grundlegung, Studienausgabe, Frankfurt a. Main, New York.

Howell, J M; Higgins C A (1990): Champion of Technological Innovation, in: Administrative Science Quaterly 35 (2) 1990, S. 317-341.

Janes, Alfred; Prammer, Karl; Schulte-Derne, Michael (2001): Transformationsmanagement. Organisationen von Innen verändern, Wien.

Jonas, Klaus; Brömer, Philip (2002): Die sozial-kognitive Theorie von Bandura, in: Frey, Dieter; Irle, Martin (Hrsg.): Theorien der Sozialpsychologie, Band II: Gruppen-, Interaktions- und Lerntheorien, 2., vollständig überarbeitete und erweiterte Auflage, Bern, usw., S. 277-299.

Kieser, Alfred (Hrsg.; 1999): Organisationstheorien, 3., überarbeitete und erweiterte Auflage, Stuttgart, Berlin, Köln.

Kieser, Alfred; Kubicek, Herbert (1992): Organisation, 3., völlig neu bearbeitete Auflage, Berlin, New York.

Kieser, Alfred; Hegele, Cornelia; Klimmer, Matthias (1998): Kommunikation im organisatorischen Wandel, Stuttgart.

Kirsch, Werner (1971): Entscheidungsprozesse, 2. Band: Informationsverarbeitungstheorie des Entscheidungsverhaltens, Wiesbaden.

Kirsch, Werner/ Esser, Werner-Michael/ Gabele, Eduard (1979): Das Management des geplanten Wandels von Organisationen, Stuttgart.

Kleingarn, Holger (1995): Change Management: Instrumentarium zur Unterstützung von betrieblichen Veränderungsprozessen auf lerntheoretischen Grundlagen, Diss., München.

Kostka, Claudia/ Mönch, Annette (2002): Change Management: 7 Methoden für die Gestaltung von Veränderungsprozessen, 2. Auflage, München, Wien.

Krystek, Ulrich (1987): Unternehmenskrisen: Beschreibung, Vermeidung und Bewältigung überlebenskritischer Prozesse in Unternehmungen, Wiesbaden.

Lenk, Hans (1978): Handlung als Interpretationskonstrukt: Entwurf einer konstituenten- und beschreibungstheoretischen Handlungsphilosophie, in: Lenk, Hans (Hrsg.): Handlungstheorien interdisziplinär: Handlungserklärungen und philosophische Handlungsinterpretation, Band 2, erster Halbband, München, S. 279-350.

Levy, Amir; Merry, Uri (1986): Organizational Transformation: Approaches, Strategies, Theories, New York etc.

Luhmann, Niklas (1977): Zweckbegriff und Systemrationalität: Über die Funktion von Zwecken in sozialen Systemen, 2. Auflage, Frankfurt a. Main.

Majer, Christian; Nachbagauer, Andreas (1999): Business Process Reengineering, in: Eckardstein, Dudo von; Kasper, Helmut; Mayrhofer, Wolfgang (Hrsg.): Management: Theorien – Führung – Veränderung, Stuttgart, S. 461-488.

Mandl, Heinz; Spada, Hans (1988): Wissenspsychologie: Einführung, in: Mandl, Heinz; Spada, Hans (Hrsg.; 1988): Wissenspsychologie, München, Weinheim, S. 1-16.

March, James G.; Olsen, Johan P. (1975): The uncertainty of the past: Organizational learning under ambiguity, in: March, James G. (1988): Decisions and organizations, Oxford, New York, S. 335-358.

Mayntz, Renate (1963): Soziologie der Organisation, Reinbek bei Hamburg.

Müller-Stewens, Günter; Pautzke, Gunnar (1996): Führungskräfteentwicklung und organisatorisches Lernen, in: Sattelberger, Thomas (Hrsg.): Die lernende Organisation: Konzepte für eine neue Qualität der Unternehmensentwicklung, 3. Auflage, Wiesbaden, S. 183-205.

Nonaka, Ikujiro; Takeuchi, Hirotaka (1997): Die Organisation des Wissens: wie japanische Unternehmen eine brachliegende Ressource nutzbar machen, Frankfurt a. Main, New York.

North, Klaus (2002): Wissensorientierte Unternehmensführung: Wertschöpfung durch Wissen, 3., aktualisierte und erweiterte Auflage, Wiesbaden.

Pautzke, Gunnar (1989): Die Evolution der organisatorischen Wissensbasis: Bausteine zu einer Theorie des organisatorischen Lernens, München.

Pawlowsky, Peter (1992): Betriebliche Qualifikationsstrategien und organisationales Lernen, in: Staehle, Wolfgang H.; Conrad, Peter (Hrsg.): Managementforschung 2, Berlin, New York, S. 177-237.

Pawlowsky, Peter (1994): Wissensmanagement in der lernenden Organisation, Habil., Paderborn.

Pedler, Mike; Boydell, Tom; Burgoyne, John (1991): Auf dem Weg zum „Lernenden Unternehmen“, in: Sattelberger, Thomas (Hrsg.): Die lernende Organisation: Konzepte für eine neue Qualität der Unternehmensentwicklung, Wiesbaden, S. 57-65.

Pedler, Mike; Boydell, Tom; Burgoyne, John (1994): Das lernende Unternehmen: Potentiale freilegen, Wettbewerbsvorteile sichern, Frankfurt a. Main, New York.

Pieler, Dirk (2003): Neue Wege zur lernenden Organisation, 2., vollständig überarbeitete und erweiterte Auflage, Wiesbaden.

Polanyi, Michael (1985): Implizites Wissen, Frankfurt a. Main.

Porter, Lyman W.; Lawler III, Edward E. ; Hackman, J. Richard (1975): Behavior in Organizations, New York etc.

Prange, Christiane (2002): Organisationales Lernen und Wissensmanagement: Fallbeispiele aus der Unternehmenspraxis, Wiesbaden.

Probst, Gilbert; Raub, Steffen; Romhardt, Kai (1999): Wissen managen: wie Unternehmen ihre wertvollste Ressource optimal nutzen, 3. Auflage, Frankfurt a. Main, Wiesbaden.

Reiß, Michael (1997): Aktuelle Konzepte des Wandels, in: Reiß, Michael; Rosenstiel, Lutz von; Lanz, Anette (Hrsg.): Change Management: Programme, Projekte und Prozesse, Stuttgart, S. 31-90.

Reiß, Michael; Rosenstiel, Lutz von; Lanz, Anette (Hrsg.; 1997): Change Management: Programme, Projekte und Prozesse, Stuttgart.

Ridder, Hans-Gerd/ Conrad, Peter/ Schirmer, Frank/ Bruns Hans-Jürgen (2001): Strategisches Personalmanagement: Mitarbeiterführung, Integration und Wandel aus ressourcenorientierter Perspektive, Landsberg/Lech.

Ringlstetter, Max J. (1997): Organisation von Unternehmen und Unternehmensverbindungen: Einführung in die Gestaltung der Organisationsstruktur, München, Wien.

Sattelberger, Thomas (1996): Die lernende Organisation im Spannungsfeld von Strategie, Struktur und Kultur, in: Sattelberger, Thomas (Hrsg.): Die lernende Organisation: Konzepte für eine neue Qualität der Unternehmensentwicklung, 3. Auflage, Wiesbaden, S. 57-65.

Schermer, Franz J. (1991): Lernen und Gedächtnis, Stuttgart, Berlin, Köln.

Schirmer, Frank (2000): Reorganisationsmanagement: Interessenkonflikte, Koalitionen des Wandels und Reorganisationserfolg, Wiesbaden.

Schmidt, Margit (1996): Widerstände im Wandel: Mechanismen bei Veränderungsprozessen in Unternehmensorganisationen, Frankfurt a. Main, etc.

Schreyögg, Georg (1996): Organisation: Grundlagen moderner Organisationsgestaltung, Wiesbaden.

Schreyögg, Georg (Hrsg; 2001a): Wissen in Unternehmen: Konzepte, Maßnahmen, Methoden, Berlin.

Schreyögg, Georg (2001b): Wissen, Wissenschaftstheorie und Wissensmanagement. Oder: Wie die Wissenschaftstheorie die Praxis einholt, in: Schreyögg, Georg (Hrsg): Wissen in Unternehmen: Konzepte, Maßnahmen, Methoden, Berlin, S. 3-18.

Schreyögg, Georg; Conrad, Peter (Hrsg; 1996): Managementforschung, Band 6: Wissensmanagement, Berlin, New York.

Schreyögg, Georg; Noss, Christian (1995): Organisatorischer Wandel: Von der Organisationsentwicklung zur lernenden Organisation, in: Die Betriebswirtschaft 55 (2) 1995, S. 169-185.

Schreyögg, Georg; Noss, Christian (1997): Zur Bedeutung des organisationalen Wissens für organisatorische Lernprozesse, in: Wieselhuber & Partner (Hrsg.): Handbuch Lernende Organisation: Unternehmens- und Mitarbeiterpotentiale erfolgreich erschließen, Wiesbaden, S.67-76.

Schreyögg, Georg; Eberl, Peter (1998): Organisationales Lernen: Viele Fragen, noch zu wenig Antworten, in: Die Betriebswirtschaft 58 (4) 1998, S. 516-536.

Schubert, Hans-Joachim (2001): Prinzipien und Methoden des Change Managements, In: Arnold, Rolf; Bloh, Egon (Hrsg.; 2001): Personalentwicklung im lernenden Unternehmen, Hohengehren, S. 287-306.

Scott, William G. (1961): Organization Theory: An Overview and an Appraisal, in: The Journal of the Academy of Management 4 (1) 1961, S. 7-26.

Scott, W. Richard (1986): Grundlagen der Organisationstheorie, Frankfurt a. Main, New York.

Senge, Peter M. (1990): The Leader´s New Work: Building Learning Organizations, in: MIT Sloan Management Review 32 (1) 1990, S. 7-23.

Senge, Peter M. (1996): Die fünfte Disziplin: Kunst und Praxis der lernenden Organisation, 3. Auflage, Stuttgart.

Senge, Peter M.; Sterman, John D. (1992): Systems thinking and organizational learning: Acting locally and thinking globally in the organization of the future, in: Kochan, Thomas A.; Useem, Michael (Hrsg.): Transforming organizations, New York, Oxford, S. 353-371.

Skinner, Burrhus Frederic (1973): Wissenschaft und menschliches Verhalten, München.

Skinner, Burrhus Frederic (1978): Was ist Behaviorismus?, Reinbek bei Hamburg.

Squire, Larry R. (1987): Memory and Brain, New York.

Staehle, Wolfgang H. (1999): Management: eine verhaltenswissenschaftliche Perspektive, 8., von Peter Conrad und Jörg Sydow überarbeitete Auflage, München.

Staehle, Wolfgang H.; Sydow, Jörg (1992): Management-Philosophie, in: Frese, Erich (Hrsg.): Handwörterbuch der Organisation, 3. Auflage, Stuttgart, Sp. 1286-1302.

Steiner, G (1992): Lerntheorien, in: Gaugler, Eduard; Weber, W (Hrsg.): Handwörterbuch des Personalwesens, Stuttgart, Sp. 1264-1274.

Steinmann, Horst; Schreyögg, Georg (2000): Management: Grundlagen der Unternehmensführung, 5., überarbeitete Auflage, Wiesbaden.

Thorndike, Edward L. (1931): Human Learning, 2. Nachdruck 1968, Cambridge, Mass., London.

Türk, Klaus (1989): Neuere Entwicklungen in der Organisationsforschung: ein Trend Report, Stuttgart.

Türk, Klaus (Hrsg.; 2000): Hauptwerke der Organisationstheorie, Wiesbaden.

Wahren, Heinz-Kurt E. (1996): Das lernende Unternehmen: Theorie und Praxis des organisationalen Lernens, Berlin, New York.

Wiegand, Martin (1996): Prozesse organisationalen Lernens, Wiesbaden.

Witte, Eberhard (1973): Organisation für Innovationsentscheidungen: Das Promotoren-Modell, Göttingen.

Wöhe, Günter (2002): Einführung in die Allgemeine Betriebswirtschaftslehre, 21., neubearbeitete Auflage, München.

Wüthrich, Hans A.; Osmetz, Dirk; Philipp, Andreas F. (2002): Stillstand im Wandel: Illusion Change Management, Herrsching am Ammersee.

Printed by Books on Demand GmbH, Norderstedt / Germany